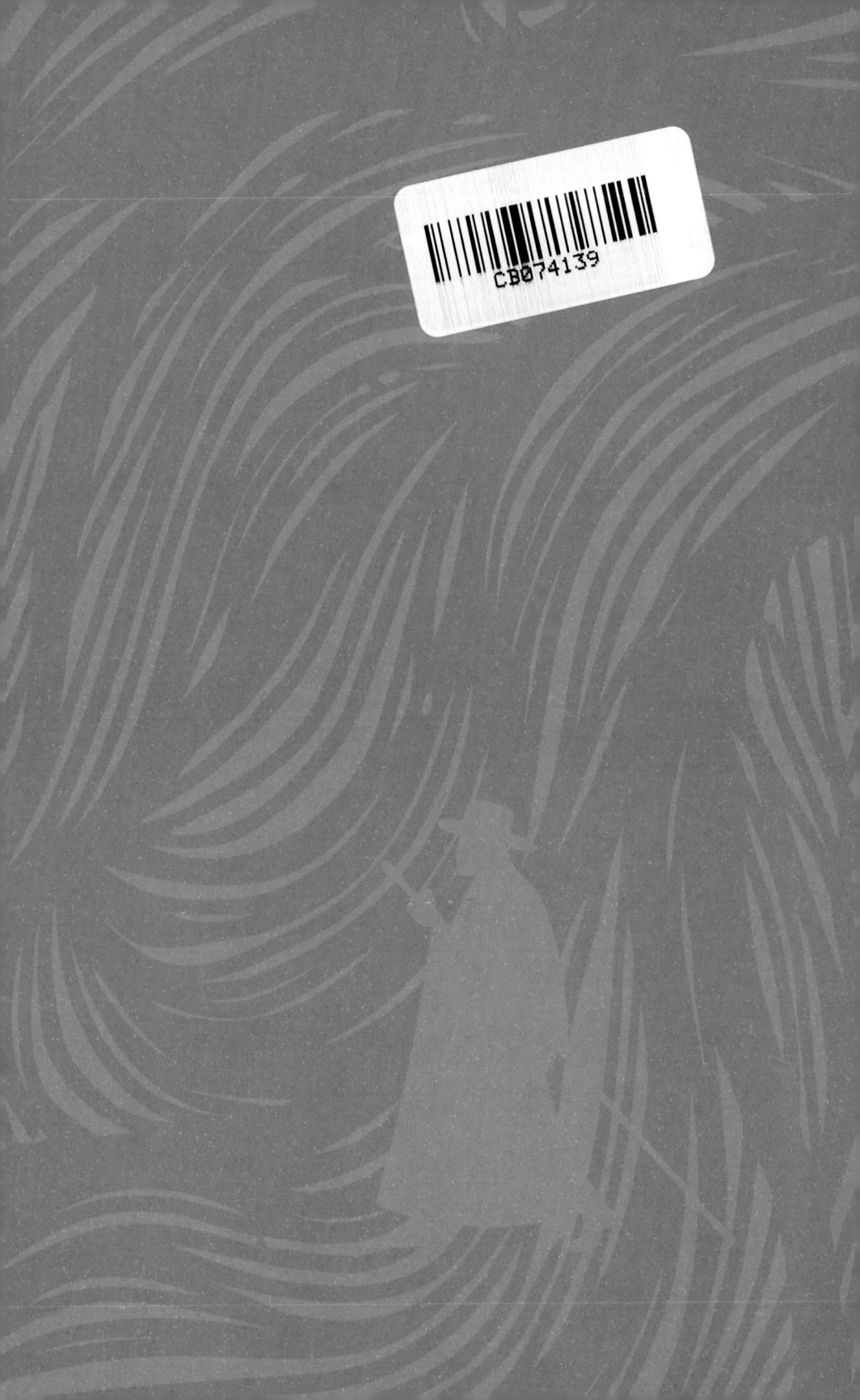

Peregrino

Título original: *The Pilgrim's Progress*
copyright © Editora Lafonte Ltda. 2025

Todos os direitos reservados.
Nenhuma parte deste livro pode ser reproduzida por quaisquer meios existentes sem autorização por escrito dos editores.

Direção Editorial *Ethel Santaella*

REALIZAÇÃO

GrandeUrsa Comunicação

Direção *Denise Gianoglio*
Tradução *Otavio Albano*
Revisão *Ana Elisa Camasmie*
Capa, Projeto Gráfico e Diagramação *Idée Arte e Comunicação*

Dados Internacionais de Catalogação na Publicação (CIP)
(eDOC BRASIL, Belo Horizonte/MG)

B942d Bunyam, John.
O peregrino / John Bunyam; tradução Otavio Albano. – São Paulo, SP: Lafonte, 2025.
176 p. : 15,5 x 23 cm

Título original: The pilgrim's progress
ISBN 978-65-5870-536-9 (Capa brochura)
ISBN 978-65-5870-620-5 (Capa dura)

1. Literatura devocional. I. Albano, Otavio. II. Título.
CDD 248.4

Elaborado por Maurício Amormino Júnior – CRB6/2422

Editora Lafonte
Av. Profª Ida Kolb, 551, Casa Verde, CEP 02518-000, São Paulo-SP, Brasil – Tel.: (+55) 11 3855-2100
Atendimento ao leitor (+55) 11 3855-2216 / 11 3855-2213 – atendimento@editoralafonte.com.br
Venda de livros avulsos (+55) 11 3855-2216 – vendas@editoralafonte.com.br
Venda de livros no atacado (+55) 11 3855-2275 – atacado@escala.com.br

JOHN BUNYAM
O PEREGRINO

Tradução
Otavio Albano

Brasil, 2025

Lafonte

Deste mundo àquele que há de vir, confiado sob o efeito de um sonho

John Bunyan

Apologia do autor a seu livro

O PEREGRINO

Quando, de início, a fim de escrever
Peguei a pena, mal pude compreender
Que iria compor assim um livreto.
Mas pensava em outro soneto,
E o primeiro quase concluído, não sei,
Sem nem mesmo perceber, a este me lancei.

E assim, escrevendo sobre a ancestralidade
E a natureza dos santos, nesta nossa era da verdade,
Logo vi-me envolto em uma espécie de alegoria
Sobre sua jornada e seu caminho à eterna alegria,
Nas mais de vinte coisas que de pronto escrevi.

Isso feito, em vinte outras logo refleti;
E mesmo estas foram então se multiplicando,
Como faíscas da brasa ardente esvoaçando.

E, de súbito, pensei, se proliferam com tanta pressa,
Melhor deixá-las de lado, para que não aconteça
Uma difusão ad infinitum que chegue a destruir
O livro que já começo a construir.

E foi o que fiz, sem ter ainda ideia distinta
De assim exibir ao mundo este meu papel e tinta.
Apenas pensava em fazer sabe-se lá o quê
Tampouco me esforçava sem saber por quê;
Sabia que ao próximo não queria agradar,
Mas a mim mesmo pretendia gratificar.

Nesses rabiscos tratei de não despender
Nada além de tempo livre, horas minhas que podia ceder,
Tampouco pretendia com isso me desviar
De piores pensamentos tentando me abarcar.
Então, com prazer a pena ao papel levei,
E rapidamente minhas ideias assentei.

Pois já tendo o método em mente,
Bastava puxá-lo, e ele se punha à frente,
Assim escrevi a obra que aqui se apresenta,
Que tamanha envergadura representa.
Ora, quando enfim o ponto final pude tecer,
Aos outros mostrei, para poder então ver
Se a tudo tratariam de aplaudir ou condenar:

Alguns deram vivas, outros acharam-na por bem matar;
Alguns disseram, "JOHN, publique!"; outros só viram senão,
Alguns sentiram algo de bom naquilo tudo, outros já não.

Vi-me em um impasse, sem saber
O que de melhor haveria a fazer:

Por fim, pensei, já que estão divididos,
Hei de publicar, sem lhes dar ouvidos.

Pois, ponderei, alguns haveriam de fazê-lo,
Mesmo que outros não chegassem a concebê-lo.

Para assim provar o conselho inconteste,
Achei que convinha tudo pôr em teste.

Pensei ainda que se o tivesse negado
Aos que aplaudiram esse meu legado,
Simplesmente lhes haveria de recusar
uma imensa alegria, uma alegria sem par.

Mas, àqueles contrários à publicação
Dizia-lhes, "Ofendê-los? Claro que não!
Mas, como seus irmãos assim desejam,
Esperem para julgar até que mais vejam".

Se não o quiserem ler, basta mantê-lo apartado,
Alguns amam a carne, outros deixam-na de lado.

E assim, para estes acalmar,
Achei por bem protestar:

O PEREGRINO

"Não deveria então nesse estilo escrever?
Deveria, pois, a este método recorrer,
Sem seu bem de vista perder? Por que vocês não o fazem?

As nuvens cinza portam água, mas as claras nada trazem.
Sim, escuras, claras, sua chuva de prata espreita,
E trazem à terra o que enfim nutre a colheita,
Que a nenhuma repreende, a ambas aclama,
Apreciando o fruto que das duas reclama.

Às duas mistura, para que em seu construto
Não se divise uma da outra, em um só fruto,
Um só bem, quando faminta; farta, porém,
Às duas rejeita, e às duas abandona também.

Já viu você os meios que usa o pescador
Para o peixe pegar? Que engenho, que labor?

Para tanto, usa de sua inteligência, sua vantagem,
Linhas, anzóis, ganchos, redes, toda a equipagem.

Porém, certos peixes, nem mesmo todo o pensar,
Nem anzol, nem linha, nem redes há de pegar.

Quanto a esses, só mesmo com muita adulação
Será possível trazer-lhes à sua píscea coleção.

E como planeja o caçador sua presa capturar?
Por muitos meios, tantos que não se pode nomear:
Há armas, redes, luzes, sinos, todo tipo de intento;
E ele rasteja, avança e levanta-se, atento,
Mas como prever esta ou aquela postura?

Nenhuma delas lhe trará a desejada criatura.

Deve ele assobiar e urrar para esta aqui
E, mesmo assim, perder ainda aquela ali?

Se na boca do sapo pérolas houvesse,
Como na ostra encontra-se tal benesse;

Se coisas que nada indicam chegam a conter
Muito mais que ouro; quem há de desfazer
Disso sabendo, do que vai nele encontrar
Antes mesmo de dentro dele olhar?

Ora, ora, meu livrinho (mesmo sem ilustração
Que faça este ou aquele tomá-lo na mão),
Não lhe faltam coisas tidas como primazias,
Próprias das mais afoitas, ainda que vazias.

"Ainda assim não me vejo plenamente satisfeito
De que este livro há de chegar a ser perfeito."

"Ora, qual o problema?" "Vejo-o sombrio." "E daí?"

"Soa falso." "Eu bem sei que outros homens por aí,
Com palavras tão falsas e sombrias em seu falar,
Fazem cintilar a verdade e seus raios brilhar."

"Mas querem solidez." "Ora, fale com precisão."

"Afogaram os fracos; metáforas cegam-nos a visão."

Solidez, de fato, chega ao tino
Daquele que escreve o que é divino;
Mas devo eu exigir, buscar solidez,
Por usar de metáforas com avidez?

Por acaso as leis de Deus e do evangelho do pretérito
Não usaram de metáforas e símbolos como mérito?

O homem sóbrio tais palavras reluta em censurar
Para que não venham outros lhe assaltar
A sublime sabedoria, preferindo antes se render
E, por meio de carneiros e ovelhas, conceber
Junto a novilhos, laços, cravos e braseiros,
Pássaros, ervas e sangue de cordeiros,
O que lhe disse Deus; e feliz seja aquele
Que em tais coisas ache a luz e graça Dele.

O PEREGRINO

Assim, não conclua sem demora ser possível
Que eu busque solidez... que seja insensível;
O que se mostra sólido talvez não o seja,
Tampouco uma parábola desprezo enseja;
Não recebamos, pois, o doloroso com leviandade,
Para que não privemos de nossas almas a bondade.

Minhas palavras, sombrias e nebulosas, contêm
Apenas a verdade, tal como cofres ouro mantêm.

Os profetas de muitas metáforas se utilizaram
Para a verdade expor, e se assim consideraram
A Cristo e a seus apóstolos, podemos logo ver
Que até hoje as verdades teimam em se esconder.

Temo assim dizer que essa ordem sagrada
Com seu estilo e primor toda astúcia degrada,
Por acaso todo canto tão pleno está
Dessas sombrias alegorias, e que já
Do mesmo livro brotam tamanho clarão
Que tornam dia a mais sombria escuridão.

Ora, que meu crítico examine a própria existência,
E de mais trevas do que há em meu livro tome ciência,
Que as encontre e acabe por enxergar
Que até no melhor o pior há de se achar.

Coloquemo-nos diante de homens imparciais,
E contra eles, ouso arriscar, dez, não mais,
Saberão encontrar mais sentido nestes fraseados
Do que em suas mentiras em sacrários prateados.

Venha, verdade, mesmo em seu tecido envolvente,
Haverei de encontrar-lhe juízo e retificar a mente,
Satisfazer o entendimento, a vontade dominar,
A memória preencher e a partir dela agradar
A tudo aquilo que brinda nossa imaginação

E, da mesma forma, acalma nossa tribulação.
Sensatas palavras deve Timóteo usar,

E as fábulas profanas das comadres recusar[1];
Mas o sério Paulo não lhe haveria de conter
Das parábolas o uso, onde vêm se esconder
O ouro, as pérolas e as pedras preciosas,
Dignas de escavar com mãos muito ciosas.
Ó, homem de Deus, permita-me mais um bocado.

Por acaso o ofendi? Preferiria que tivesse usado
Palavras outras para falar de meu assunto,
Ou que fora mais explícito no conjunto?
Àqueles que me são melhores, então prometo
Três coisas propor, e em seguida as submeto:

1. *Creio que não me seja negado usar*
   Deste meu método, nem das palavras abusar,
   Ou dos leitores, das coisas; ser rude
   Ao lidar com figuração, alegoria e similitude;
   No entanto, quanto puder, hei de buscar,
   De uma forma ou de outra, a verdade avançar.
   Negado, foi o que disse? Não, tenho o direito
   (Exemplos também há daqueles cujo preceito
   Por meio de atos e palavras, agradou a Deus
   Muito mais que a tantos semelhantes seus)
   De assim me expressar e, assim, reconhecer
   Coisas as mais excelentes que há para se ver.

2. *Creio haver homens (altos como um potentado)*
   Que em diálogos escrevem, sem que se tenha levantado
   Nem ao menos um por sua forma de expressão;
   Mas, se atentam contra a verdade, malditos são,

---

1. Referência à passagem bíblica da Primeira Epístola a Timóteo 4,7. (N. do T.)

O PEREGRINO

Assim como seu ofício. Que livre seja a verdade,
Atacando a um e outro, contanto que a Deus agrade;
Pois quem melhor do que aquele que atinou
O bom uso do arado, e depois no-lo ensinou,
Para guiar nossa mente e a pena para tal intento,
Trazendo de coisas vis um divino elemento?

3. *Creio que a sagrada ordem, neste mundo todo*
   A esse método se iguala, cujas causas, sem engodo,
   Chamam certa coisa para, por fim, outra expor;
   Posso usá-la então, sem nada a me contrapor
   Aos raios dourados da verdade; que eu possa, antes,
   Com tal método, transmitir os raios mais brilhantes.

E agora, antes que enfim largue minha pena,
Hei de mostrar a valia de meu livro, nada pequena.

Confiarei, tanto ele quanto vocês, em sua Mão,
Que levanta o fraco e prostra o valentão.

Este livro perante seus olhos enseja
O homem que a recompensa eterna almeja;
Mostra aonde tal sujeito vai, de onde vem,
O que deixa por fazer e o que faz também;
Mostra o tanto que ele corre, sem cessar,
Até, enfim, aos portões da glória chegar.

Mostra ainda que corre à toa,
A fim de conquistar a eterna coroa.

Também aqui se pode ver por que razão
Morre na loucura, em seu esforço vão.

Este livro lhe tornará um viajante,
E, se, por seu conselho, for levado adiante,
Até a Terra Santa ainda há de chegar
Se suas orientações assimilar:

*Sim, os indolentes ativos se tornarão,
E os cegos maravilhas enxergarão.*

Está você em busca de algo raro e proveitoso?

Será capaz de ver a verdade em algo fabuloso?

*É do tipo esquecido, e lembrar queria
De janeiro a dezembro, todo santo dia?*

*Leia minha criação, em sua alma ela há de adentrar
E, assim espero, aos desesperados há de consolar.*

*De tal forma este livro escrito está,
Que mesmo o apático abalado ficará;
Parece novidade, mas contém simplesmente
Palavras sinceras do evangelho, tão somente.*

Pretende ver-se livre da melancolia?

Pretende ter prazer, longe de toda agonia?

*Pretende ler enigmas, e sua explicação,
Ou prefere se afogar na contemplação?*

*Gosta da carne ou prefere nas nuvens enxergar
Um bondoso homem que venha lhe falar?*

Gostaria de se ver em um sonho sem dormir?

Ou prefere ao mesmo tempo chorar e também rir?

*Não lhe agradaria se perder sem qualquer prejuízo,
Encontrando-se depois em seu mais perfeito juízo?*

*Não quer ler por si mesmo, sem saber o porquê,
Sabendo, porém, por estas linhas mesmas que lê,
Se abençoado ou não está? Abra meu livro então,
Tornando-se, nele, uma só mente, um só coração.*

JOHN BUNYAN

CAPÍTULO I

O sonho do autor. Cristão, convencido do pecado, escapa da cólera divina conduzido pelo evangelho até Cristo.

Quando andava pela vastidão deste mundo, encontrei-me em um certo lugar onde havia uma caverna, e ali me deitei para dormir. Enquanto dormia, tive um sonho. No sonho, vi um homem vestido de trapos, em pé a um canto, com o rosto voltado para o lado oposto da própria casa, um livro na mão e um grande fardo às costas [Is 64,6; Lc 14,33; Sl 38,4; Hab. 2,2; At 16,30-31]. Olhei ao redor, vi-o abrir o livro e ler seu conteúdo; lendo-o, ele chorava e tremia. Não conseguindo mais se conter, começou um pranto plangente, dizendo: — Que devo fazer [At 2,37]?

Assim, nesse apuro, voltou para casa e conteve-se o máximo que pôde, para que a mulher e os filhos não percebessem seu tormento; mas ele não conseguiu se manter em silêncio por muito tempo, pois sua angústia continuava a crescer. Então, revelou à mulher e aos filhos o que vinha vivendo, começando assim: — Ó, minha querida esposa e filhos de minhas entranhas, — disse ele — eu, seu querido amigo, ando muito preocupado por conta de um fardo que muito me pesa. Além disso, fui informado de que nossa cidade, seguramente, será queimada com fogo vindo do céu, trazendo terrível ruína para mim, para você, minha esposa, e para vocês, meus filhinhos amados, a não ser que haja alguma forma (que não consigo prever) de escaparmos e nos libertarmos de tal destruição. Essa revelação deixou sua família surpresa e aflita, não porque acreditassem que o que ele lhes dizia era verdade, mas porque achavam que alguma loucura insensata lhe invadira a mente. Assim, ao chegar a noite, na esperança de que o sono pudesse acalmá-lo, mais do que depressa fizeram-no ir para a cama. Mas a noite para ele foi tão perturbadora quanto o dia, e, em vez de dormir, passou todo o tempo entre suspiros e lágrimas. Quando, enfim, veio a manhã, quiseram saber como ele estava, ao que respondeu: — Ainda pior. E começou a falar-lhes novamente, mas eles se mostraram insensíveis ao que dizia. Pensaram, então, em afugentar sua insensatez por meio de atitudes rudes e hostis, ora zombando dele, ora repreendendo-o, ora simplesmente o ignorando. Por conta disso, ele passou a se isolar em seu quarto para orar e lamentar por eles, e também para condoer-se da própria miséria. Começou ainda a caminhar solitário pelos campos, às vezes lendo, às vezes orando, e foi assim que, por alguns dias, passou seu tempo.

Ora, vi certa vez, enquanto ele caminhava pelos campos, que estava lendo seu livro – como costumava fazer – e demonstrava grande angústia, e, no meio de sua leitura, rebentou em lágrimas, como já o fizera antes, clamando: — Que devo fazer para ser salvo?

Vi também que ele olhava para um lado e para o outro, como se fosse começar a correr, mas permanecia imóvel, porque, como vim a perceber, não conseguia decidir que direção tomar. Avistei, então, um homem chamado Evangelista aproximar-se dele e perguntar: — Por que você está chorando [Jó 33,23]?

Ao que ele respondeu: — Senhor, percebo, pelo livro que tenho nas mãos, que estou condenado a morrer e, depois de minha morte, a ir a julgamento [Hb 9,27]; não quero nem que a primeira coisa [Jó 16,21] aconteça comigo agora, tampouco estou pronto para a segunda [Ez 22,14].

Disse, então, Evangelista: — Por que não está disposto a morrer, se esta vida é afligida por tantos males? — E o homem respondeu: — Porque receio que este fardo sobre minhas costas me enterre mais fundo do que a sepultura, e que eu venha a cair no *tofet*[2] [Is 30,33]. E, meu senhor, se não estou nem sequer preparado para ir para a prisão, certamente não estou preparado para enfrentar o julgamento final e, por consequência, a execução. E pensar em tais coisas faz-me chorar.

---

2. Lugar de incineração localizado ao sul de Jerusalém, célebre pelos sacrifícios humanos feitos ao deus pré-hebreu Moloc. (N. do T.)

Então, Evangelista disse: — Se é assim que você se sente, por que continua aí parado? — Porque não sei para onde ir — respondeu o homem. Ao que Evangelista lhe estendeu um rolo de pergaminho, no qual estava escrito "Fuja da cólera vindoura" [Mt 3,7].

O homem leu e, olhando para Evangelista, falou, com muito cuidado: — Para onde devo fugir? — Evangelista respondeu, apontando o dedo para um campo bem vasto: — Está vendo lá longe aquela porta estreita [Mt 7,13-14]? — Não. — Vê lá longe aquela luz brilhante [Sl 119,105; II Pd 1,19]? — E o homem respondeu: — Acho que sim. — Então, Evangelista lhe aconselhou: — Pois fixe o olhar naquela luz, e vá sem demora ao seu encontro. Ao chegar, verá a tal porta. Bata, e lhe dirão o que deve fazer.

CAPÍTULO II

Cristão continua em seu caminho. Obstinado recusa-se a acompanhá-lo. Volúvel acompanha-o até um lamaçal e, então, retorna.

Vi então, em meu sonho, que o homem começou a correr. Ora, nem havia ainda se distanciado da porta da própria casa quando sua mulher e seus filhos, vendo-o correr, começaram a gritar-lhe que voltasse. Mas o homem tapou os ouvidos com os dedos e continuou em disparada, gritando: — Vida! Vida! Vida eterna [Lc 14,26]! — Olhou, então, para trás, mas manteve-se correndo na direção do centro da campina [Gn 19,17].

Os vizinhos também vieram vê-lo correr [Jr 20,10] e, enquanto corria, alguns zombavam dele, outros o ameaçavam, e outros ainda lhe gritavam que voltasse. E, entre esses últimos, dois resolveram trazê-lo de volta à força. O nome de um deles era Obstinado, ao passo que o outro se chamava Volúvel. Ora, a essa altura, o homem já se encontrava a uma certa distância deles, mas, mesmo assim, resolveram persegui-lo e, em pouco tempo, conseguiram alcançá-lo. Disse-lhes então o homem: — Vizinhos, por que vieram atrás de mim? — Para convencê-lo a voltar conosco. — Mas — retrucou ele — isso será impossível. Vocês moram na Cidade da Destruição, no mesmo lugar onde eu nasci. Noto isso agora, e digo-lhes que, morrendo ali, cedo ou tarde vocês afundarão para além da sepultura, até um lugar que queima com fogo e enxofre. Alegrem-se, bons vizinhos, e venham comigo.

— O quê? — disse Obstinado. — E deixar nossos amigos e comodidades para trás?

— Isso mesmo, — disse Cristão (pois era esse seu nome) — porque TUDO isso que vocês abandonarão não é digno de ser comparado nem mesmo com uma ínfima parte daquilo que estou buscando desfrutar [II Co 4,18], e, se vierem comigo, e conseguirem alcançá-lo, haverão de desfrutar tanto quanto eu, pois o lugar para onde estou indo tem mais do que o suficiente para todos nós [Lc 15,17]. Sigam-me e comprovem as minhas palavras.

— Que coisas são essas que você procura e pelas quais está disposto a abandonar o mundo?

— Estou em busca de uma herança incorruptível, imaculada e que nunca há de perder seu valor [I Pd 1,4], e ela é mantida em segurança no céu [Hb 11,16] para ser distribuída, no tempo devido, àqueles que a buscaram com dedicação. Podem ler tudo o que disse, se quiserem, no meu livro.

— Ora, — disse Obstinado — fora daqui com esse livro. Vai voltar conosco ou não?

— Não, não vou, — disse o outro — porque já pus minhas mãos no arado [Lc 9,62].

— Vamos lá, Volúvel, meu vizinho. Vamos voltar para casa sem ele. Há uma multidão de tolos pretensiosos como ele, e quando esse tipo se convence de uma fantasia dessas, torna-se mais sábio aos próprios olhos do que sete homens que sabem expor a razão [Pr 26,16].

— Então — disse Volúvel — não diga insultos. Se o que o bom Cristão diz é verdade, as coisas que ele está buscando são melhores do que as nossas. Meu coração se inclina a seguir meu vizinho.

— O quê? Ainda há mais tolos? Ouça o que digo e volte. Quem há de saber até onde um homem com uma mente tão doentia será capaz de levá-lo? Volte, volte e mostre-se sábio.

— Não, venha com seu vizinho, Volúvel. Além de tudo de que já lhe falei, há ainda muitas outras glórias. Se não acredita em mim, leia aqui neste livro, e pela verdade do que está expresso aqui, note que tudo está confirmado pelo sangue Daquele que o escreveu [Hb 9,17-22; 13,20].

— Ora, vizinho Obstinado, — disse Volúvel — começo a tomar uma decisão. Pretendo seguir com este bom homem e arriscar minha sorte junto a ele. Mas, meu bom companheiro, por acaso você sabe o caminho até esse desejado lugar?

— Estou sendo guiado por um homem chamado Evangelista, que me indicou uma portinha logo adiante de nós. Ali haveremos de receber instruções acerca do caminho.

— Vamos, então, bom vizinho, continuemos na trilha. — E partiram juntos.

— Quanto a mim, vou voltar para minha casa — disse Obstinado. — Não vou acompanhar homens tão fantasiosos e iludidos.

Vi então, em meu sonho, que, depois que Obstinado se foi, Cristão e Volúvel atravessaram a campina conversando, e assim seguia sua fala:

— E então, vizinho Volúvel, como está se sentindo? Fico feliz por tê-lo convencido a me acompanhar. Se o próprio Obstinado fosse capaz de sentir o que senti diante dos poderes e terrores daquilo que ainda não se vê, ele não teria nos virado as costas tão facilmente.

— Vizinho Cristão, como estamos só nós dois aqui, diga-me um pouco mais acerca das coisas de que falava e de como desfrutá-las no lugar para onde nos dirigimos.

— Posso concebê-las melhor em minha mente do que expressá-las com minha boca. As coisas de Deus são indescritíveis. Mas, como você deseja mesmo saber, vou ler a seu respeito em meu livro.

— E você crê que as palavras do seu livro são absolutamente verdade?

— Absolutamente, já que foram escritas por Aquele que não é capaz de mentir [Tt 1,2].

— Muito bem, e que coisas são essas?

— Há um reino infinito pronto a ser habitado, e uma vida eterna nos será dada, para que nesse mesmo reino possamos viver para todo o sempre [Is 45,17; Jo 10, 28-29].

— Muito bem, e que mais?

— Coroas de glória nos serão dadas, e vestes, que nos farão brilhar como o sol no firmamento do céu [II Tm 4,8; Ap 3,4; Mt 13, 43].

— Isso é muito agradável. E que mais?

— Não haverá mais choro, nem mágoas, pois Aquele que é o proprietário do lugar há de enxugar de nossos olhos toda lágrima [Is 25,6-8; Ap 7,17; 21,4].

— E quem vai nos acompanhar nesse lugar?

— Conviveremos com serafins e querubins, seres que ofuscarão seus olhos só de olhar para eles [Is 6,2]. Também haverá de se encontrar com milhares e dezenas de milhares que lá chegaram antes de nós; e nenhum dentre eles se mostrará agressivo, mas todos santos e amorosos; eles andam à vista de Deus e são reconhecidos em sua presença para sempre [I Ts 4,16-17; Ap 5,11]. Em suma, lá veremos os anciãos com suas coroas de ouro [Ap 4,4], lá veremos as virgens santas com suas harpas douradas [Ap 14,1-5], lá veremos sujeitos que foram esquartejados, queimados, devorados por animais e afogados nos mares pelos homens do mundo, por conta do amor que tinham pelo Senhor do lugar, mas todos passando bem e trajados com as vestes da imortalidade [Jo 12,25; II Co 5,4].

— Ouvir tal coisa é o suficiente para arrebatar o coração de qualquer um. Mas todas essas coisas estão ali para que desfrutemos delas? Como poderemos conquistá-las?

— O Senhor, o Governador daquela terra, registrou isso neste livro. Em essência, trata-se do seguinte: se nos mostrarmos verdadeiramente dispostos a usufruir delas, Ele há de nos concedê-las livremente.

— Ora, meu bom companheiro, fico feliz por ouvir tais coisas. Vamos, apressemos o passo.

— Não posso ir tão rápido quanto gostaria, por conta deste fardo que carrego às costas.

Vi então, em meu sonho, que, tão logo terminada essa conversa, os dois se aproximaram de um lamaçal muito lodoso que se encontrava no meio da campina e, estando ambos desatentos, caíram subitamente no brejo. O nome daquele lamaçal era Desânimo. Ali, portanto, viram-se atolados por certo tempo, ficando completamente sujos de terra, e Cristão, por conta do fardo que trazia às costas, começou a afundar no lodo.

Então, Volúvel disse: — Ei, vizinho Cristão, onde está você?

— Na verdade — respondeu Cristão — não faço ideia.

Ao ouvir tal coisa, Volúvel ofendeu-se e, irritado, disse ao seu companheiro: — É essa a felicidade de que vinha me falando todo esse tempo? Se já nos retardamos logo no início da jornada, o que nos espera até seu fim? Se eu conseguir escapar desta com vida, pode ficar com minha parte nessa terra tão intrépida. — E, dizendo isso, tentou se desvencilhar com muito esforço e, por fim, conseguiu sair do lamaçal justamente no flanco que ficava mais próximo de sua casa, e lá se foi. E Cristão nunca mais voltou a vê-lo.

Restou-lhe, portanto, rolar sozinho no Lamaçal do Desânimo; mas, ainda assim, ele fez de tudo para alcançar a margem mais distante de sua casa e mais próxima da porta estreita. E assim o fez, mas não conseguia sair da lama, por conta do fardo que trazia às costas. Contudo, vi, em meu sonho, que dele se aproximou um homem, cujo nome era Ajuda, que lhe perguntou: — O que está fazendo aí?

— Meu senhor, — disse Cristão — fui levado a seguir por este caminho por um homem chamado Evangelista, que também me orientou a alcançar aquela porta lá longe, para que eu possa escapar da cólera vindoura e, enquanto me dirigia até ela, caí aqui.

— Mas por que não procurou as pegadas?

— O medo que me acompanhava era tão forte que fugi pelo caminho mais próximo e acabei caindo.

— Então — disse ele — dê-me sua mão. — E estendeu-lhe o braço e puxou-o para fora do lamaçal, colocando-o em terra firme e convidando-o a seguir seu caminho [Sl 40,2].

Em seguida, aproximei-me do homem que o havia tirado do lamaçal e disse: — Meu senhor, se este é o caminho que sai da Cidade da Destruição até a longínqua porta, por que o terreno não está em boas condições, para que os pobres viajantes sigam para lá com mais segurança? — Ah, — respondeu-me ele — este lamaçal lodoso é um lugar que não pode ser aterrado. Trata-se da ladeira para onde correm continuamente a escória e a imundície que acompanham a condenação pelo pecado e, por isso, chama-se Lamaçal do Desânimo, já que, à medida que o pecador desperta para sua própria perdição, surgem em sua alma muitos medos, dúvidas e apreensões desanimadoras, e todas elas se reúnem e se dispõem neste lugar. E é por isso que esta terra está em tão terríveis condições.

— O Rei não fica contente em ver que este lugar continua a permanecer nesse estado tão terrível [Is 35,3-4]. Seus operários, sob a direção dos inspetores de Sua Majestade, vêm trabalhando ao longo desses 1.600 anos nesta parcela do terreno para tentar aplainá-lo e, até onde sei, — continuou ele — já depositaram pelo menos 20 mil carregamentos de terra e, pasme, milhões de ensinamentos benéficos, que foram trazidos em todas as estações e de todos os lugares dos domínios do Rei. Aqueles que têm tal conhecimento costumam dizer que esses ensinamentos são o melhor material para aterrar tal lugar; se assim fosse, ele já teria sido nivelado, mas continua a ser o Lamaçal do Desânimo, e continuará a sê-lo, visto que já fizeram tudo o que poderia ser feito.

— É verdade, existem – de acordo com as ordens do Legislador – certas pegadas muito boas, substanciais, instaladas mesmo no meio deste lamaçal, — prosseguiu — mas esse lugar até hoje continua a expelir sua imundície, como sempre acontece quando há mudanças de clima, tornando muito difícil a visão de tais pegadas. Mas, mesmo quando visíveis, os homens, por conta da vertigem em sua mente, passam ao lado delas e, ainda que elas estejam ali para evitar tal coisa, acabam atolados na lama. Mas o solo torna-se bom assim que eles, por fim, alcançam a porta [I Sm 12, 23].

Em seguida, vi, em meu sonho, que, a essa altura, Volúvel já havia voltado para casa, de modo que seus vizinhos tinham vindo visitá-lo, e alguns deles chamavam-no de sábio por ter voltado, ao passo que outros o chamavam de tolo por ter se arriscado ao juntar-se a Cristão. Houve até mesmo quem zombasse de sua covardia, dizendo: — Mas é claro, depois de ter entrado na aventura, eu não teria sido tão baixo a ponto de desistir diante de tão poucas dificuldades. — E, assim, Volúvel sentou-se sorrateiramente no meio deles. Mas, no fim das contas, sentiu-se mais confiante, e todos mudaram de assunto, voltando a ridicularizar o pobre Cristão pelas costas. E, de fato, faziam o mesmo em relação a Volúvel.

CAPÍTULO III

Cristão, enganado pelo conselho do sr. Sábio Mundano, desvia-se do caminho e vê-se extremamente alarmado. Mas, felizmente, encontra-se com Evangelista, volta ao caminho correto e continua sua jornada.

Enquanto Cristão caminhava solitário, avistou alguém que atravessava os campos na sua direção, e ambos acabaram se encontrando no instante em que cruzavam o caminho um do outro. O nome do cavalheiro era sr. Sábio Mundano, e ele morava em uma cidade chamada Diretiva Profana, uma cidade imensa, não muito longe do lugar de onde vinha Cristão. Esse homem já tinha ouvido falar de Cristão ao cruzar com ele, pois sua partida da Cidade da Destruição fora muito alardeada, tendo se tornado o tópico de muitas conversas não só na localidade onde ele morava, mas também em inúmeros outros lugares. Por isso, o sr. Sábio Mundano, com certas ideias já formadas a respeito do outro, observando sua árdua caminhada e notando seus suspiros e gemidos, quis conversar um pouco com Cristão.

— Ora, meu bom homem, por que você anda assim tão apressado e com tamanha carga às costas?

— Na verdade, sempre achei que todas as pobres criaturas têm seu fardo a carregar! E, se me pergunta o porquê de andar apressado, devo dizer-lhe que estou buscando alcançar a longínqua porta estreita diante de mim, pois lá, segundo me disseram, serei informado de um meio de me livrar deste pesado fardo.

— Você tem mulher e filhos?

— Tenho, mas ando tão sobrecarregado com este fardo que já não encontro neles o prazer que encontrava antes; para mim, é como se não os tivesse tido [I Co 7,29].

— Por acaso você me ouviria, se lhe desse um conselho?

— Se o conselho for bom, sim, visto que estou precisando de um.

— Eu o aconselharia, então, a livrar-se o mais rápido possível de seu fardo, pois só então alcançará paz em sua mente e poderá desfrutar das bênçãos que Deus lhe concedeu até agora.

— Eis o que venho buscando, livrar-me deste pesado fardo; mas não posso retirá-lo eu mesmo dos ombros, nem há homem em nossa terra que possa fazê-lo. Por isso, sigo nesse caminho para, como já lhe disse, livrar-me do peso.

— Quem lhe mandou que seguisse esse caminho para se livrar de seu fardo?

— Um homem que me pareceu alguém muito bom e honrado. Seu nome, se bem me lembro, é Evangelista.

— Maldito seja por seu conselho! Não há no mundo caminho mais perigoso e difícil que esse que ele lhe indicou, o que você há de descobrir por si mesmo se continuar a seguir seu conselho. Percebo que já encontrou alguns obstáculos, pois posso ver a sujeira do Lamaçal do Desânimo sobre você. Esse pântano, no entanto, é apenas o início dos pesares que afligem aqueles que tomam esse caminho. Ouça-me, sou mais velho do que você e sei que, muito provavelmente, nessa trilha que decidiu seguir, encontre exaustão, dor, fome, perigos, carência, espada, leões, dragões, trevas, em suma, a morte, entre várias outras coisas! Todas elas são certamente verdadeiras, já tendo sido confirmadas por muitas testemunhas. E por que deveria um homem condenar-se de forma tão indolente, dando ouvidos a um estranho?

— Ora, meu senhor, este fardo às minhas costas é mais terrível para mim do que todas essas coisas que mencionou. Não, acredito ser melhor não me preocupar com o que eu venha a encontrar no caminho, já que assim também poderei me livrar de meu fardo.

— Como conseguiu, antes de tudo, tal carga?

— Lendo este livro que tenho nas mãos.

— Foi o que pensei. O que aconteceu com você também já se passou com outros homens fracos que, metendo-se com coisas elevadas demais para si, subitamente caem nesse tipo de desorientação, que não apenas castram os homens – como fizeram com você –, mas também levam-nos a aventuras desesperadas para obter algo que nem mesmo eles sabem do que se trata.

— Sei bem o que quero obter: alívio de meu fardo pesado.

— Mas por que você vem procurar alívio neste caminho, vendo nele tantos perigos? Ainda mais sabendo que, se tivesse a paciência de me ouvir, eu poderia lhe revelar como alcançar aquilo que deseja sem enfrentar os perigos que há de encontrar nesta trilha. Sim, o remédio está ao alcance das mãos. E, devo acrescentar, em vez de todos esses perigos, você há de encontrar muita segurança, amizade e contentamento.

— Por favor, meu senhor, revele-me então tal segredo.

— Ora, em um vilarejo distante – esse vilarejo se chama Moralidade – habita um cavalheiro cujo nome é Legalidade, um homem muito prudente, com excelente reputação, que tem a capacidade de ajudar a aliviar os homens dos fardos que carregam nos ombros, como o seu. Sim, até onde sei, já fez muito bem aos outros realizando tal feito. Ah, e além disso, ele possui a habilidade de curar aqueles que se acham com a mente um tanto quanto desequilibrada por conta dos fardos que carregam. É esse homem, como já disse, que você deve procurar, e ele há de ajudá-lo sem demora. Sua casa fica a pouco mais de um quilômetro e meio daqui, e, se ele mesmo não estiver em casa, encontrará seu filho, um jovem muito bonito, de nome Civismo, que, a propósito, tem tanta habilidade quanto o velho pai. Tenho certeza de que poderá achar alívio de seu fardo nesse lugar. E, se você não estiver disposto a voltar para sua antiga casa, como, na verdade, eu não desejaria que fizesse, poderá mandar buscar sua esposa e seus filhos e instalar-se nesse vilarejo, onde há neste exato momento casas vazias, e você há de conseguir um bom preço por uma delas. Também encontrará provisões, boas e baratas, mas o que deve tornar sua vida ainda mais feliz é o fato de certamente poder viver em meio a vizinhos honestos, confiáveis e educados.

Com tudo isso, Cristão viu-se em um dilema, mas não demorou a concluir que, se tudo o que lhe dissera o cavalheiro era verdade, o melhor a fazer seria aceitar seu conselho. Sendo assim, perguntou:

— Meu senhor, que caminho devo tomar até a casa desse bom homem?

— Está vendo aquela grande colina ao longe?

— Sim, certamente.

— É até aquela colina que deve ir. A casa dele será a primeira que conseguir alcançar.

E, assim, Cristão desviou-se de seu caminho para ir buscar ajuda na casa do sr. Legalidade. Mas eis que, quando já se encontrava muito perto da tal colina, ela lhe pareceu tão alta, com o lado da encosta mais próximo do caminho tão íngreme, que Cristão teve medo de se aventurar mais, temendo que a colina caísse sobre sua cabeça. Ficou, por isso, completamente paralisado, sem saber o que fazer. Além do mais, agora seu fardo lhe parecia ainda mais pesado do que quando ele seguia seu caminho. E da colina vinham clarões de fogo, e Cristão ficou com medo de se queimar [Ex 19,16-18]. Nesse ponto, ele suava e até mesmo tremia de medo [Hb 12,21]. Então, começou a se arrepender de ter aceitado o conselho do sr. Sábio Mundano. E, com isso em mente, avistou Evangelista vindo em sua direção, e enrubesceu de vergonha. Evangelista foi se aproximando dele cada vez mais e, ao chegar junto dele, fitou-o com uma fisionomia muito séria e temível, e perguntou-lhe:

— O que está fazendo aqui, Cristão? — Ele não sabia o que responder, permanecendo assim calado diante dele. Então, continuou Evangelista: — Não é você o homem que encontrei chorando além dos muros da Cidade da Destruição?

— Sim, meu senhor, sou eu mesmo.

— Não lhe indiquei o caminho que leva à porta estreita?

— Sim, meu senhor — disse Cristão.

— Então por que você se desviou tão rapidamente do caminho? Pois, agora, você está bastante distante da direção que deveria tomar.

— Encontrei um cavalheiro, logo depois de passar pelo Lamaçal do Desânimo, que me convenceu de que eu encontraria, no vilarejo logo ali adiante, um homem que poderia me aliviar de meu fardo.

— E quem era ele?

— Aparentava ser um cavalheiro, e conversou bastante tempo comigo, convencendo-me por fim a dar-lhe ouvidos. Assim, vim para cá. Mas, ao deparar com esta colina, e vendo como ela se eleva por sobre o caminho, subitamente fiquei paralisado, temendo que ela caísse em minha cabeça.

— E o que esse cavalheiro lhe disse?

— Ele me perguntou se eu tinha família, e respondi que sim. Contudo, também lhe disse que estava tão sobrecarregado com o fardo que trago às costas que já não encontrava prazer na sua companhia como antes.

— E o que disse ele em seguida?

— Sugeriu que eu me livrasse sem demora de meu fardo, ao que lhe respondi que era esse o alívio que estava buscando. Disse-lhe, também, que seguia na direção da longínqua porta para receber mais orientações sobre como chegar ao local da libertação. Explicou-me então que me mostraria um caminho melhor, e mais curto, com muito menos obstáculos do que aquele em que o senhor me colocou. Acrescentou que o caminho que estava me indicando levava diretamente à casa de um cavalheiro com a habilidade de me aliviar de todos estes fardos. E acreditei nele, desviando-me daquele caminho para tomar este outro, com a expectativa de logo ver-me livre de minha carga. Mas, ao chegar até aqui, vi as coisas como são e, como havia dito, fiquei paralisado pelo medo do perigo. Mas, agora, não sei mais o que fazer.

— Então — disse Evangelista — continue parado por mais um tempo, para que eu possa lhe mostrar as palavras de Deus. — E Cristão permaneceu no mesmo lugar, tremendo. Então, Evangelista continuou: — "Cuidado, pois, ao recusar ouvir aquele que fala. Porque, se não escaparam do castigo aqueles que dele se desviaram, quando lhes falava na terra, muito menos escaparemos nós, se o repelirmos, quando nos fala desde o céu [Hb 12,25]". — Disse também: — "Mas o justo viverá da fé. Porém, se ele desfalecer, meu coração já não se agradará dele [Hb 10,38]". — Depois, ainda explicou tais palavras: — É você esse homem que corre na direção da miséria, é você que começou a rejeitar o conselho do Altíssimo e desviou seus pés do caminho da paz, chegando até mesmo a arriscar-se à perdição.

Cristão prostrou-se, então, aos pés de Evangelista, como morto, lamentando-se: — Ai de mim, estou arruinado! — Ao ver tal coisa, Evangelista tomou-o pela mão direita, dizendo: — "Todo pecado e toda blasfêmia serão perdoados aos homens [Mt 12,31; Mc 3,28]", "Não seja incrédulo, mas homem de fé [Jo 20,27]". — Então, Cristão animou-se um pouco e, ainda tremendo como antes, levantou-se diante de Evangelista.

E este continuou, dizendo: — Preste ainda mais atenção às coisas que lhe contarei agora. Vou mostrar-lhe quem o iludiu e a quem ele o havia enviado. O homem que você encontrou é um Sábio Mundano, e seu nome é justo, em parte porque só valoriza a doutrina deste mundo [I Jo 4,5] – e, por isso, sempre vai à igreja da Cidade da Moralidade –, em parte porque ama tal doutrina acima de tudo, pois ela o salva da cruz [Gl 6,12]. Além disso, como sua índole vem da carne, ele busca evitar meus caminhos, mesmo que corretos. Ora, há três coisas nos conselhos desse homem que você deve abominar por completo: o fato de ele ter desviado você do caminho; os esforços que ele empreendeu para tornar a cruz odiosa para você; e tê-lo levado a trilhar o caminho que conduz à morte.

— Em primeiro lugar, você deve abominar a tentativa desse senhor de desviá-lo do caminho, assim como seu próprio consentimento nesse sentido, já que isso equivale a rejeitar o conselho de Deus em favor do conselho de um Sábio Mundano. Diz o Senhor: "Procurai entrar pela porta estreita [Lc 13, 24]", a porta para onde o enviei, pois "estreita é a porta e apertado o caminho que leva à vida, e raros são os que os encontram [Mt 7,14]". Dessa portinha estreita, e do caminho que a ela conduz, é que esse homem ímpio desviou você, para quase levá-lo à destruição. Odeie, portanto, essa tentativa de desviá-lo do caminho e abomine a si mesmo por lhe ter dado ouvidos.

— Em segundo lugar, deve abominar os esforços desse senhor em tornar-lhe a cruz odiosa, porque você deve preferir tal fardo "aos tesouros do Egito [Hb 11, 25-26]". Além disso, o Rei da glória já lhe havia dito que "aquele que tentar salvar sua vida há de perdê-la [Mc 8,35; Jo 12,25; Mt 10,39]" e que "se alguém vem a mim e ama seu pai, sua mãe, sua mulher, seus filhos, seus irmãos, suas irmãs e até mesmo sua própria vida mais do que a mim não pode ser meu discípulo [Lc 14,26]". Portanto, o que lhe digo é que, se um homem se esforça a convencê-lo de que tudo isso será a sua morte – tudo aquilo que a VERDADE afirma ser imprescindível à vida eterna –, deve odiar tal doutrina.

— Em terceiro lugar, você deve odiar o fato de esse homem tê-lo levado ao caminho que conduz à morte. Mas, para isso, tem de considerar a pessoa para quem ele o enviou e o fato de que ela é incapaz de libertá-lo de seu fardo.

— Aquele a quem ele lhe enviou para encontrar alívio – cujo nome é Legalidade – é filho da escrava que se encontra acorrentada junto com seus filhos [Gl 4,21-27], não se sabe o porquê, no Monte Sinai, a tal colina que você temeu que fosse cair sobre sua cabeça. Ora, se ela e seus filhos estão ali acorrentados, como se pode esperar deles a liberdade? Esse tal Legalidade, portanto, não tem a capacidade de libertá-lo de seu fardo. Até hoje, homem nenhum jamais foi libertado do próprio fardo por intermédio dele, e, muito provavelmente, isso nunca acontecerá; ninguém pode ser inocentado por obra da lei, porque os atos da lei não têm a capacidade de liberar ninguém de seu fardo. Portanto, o sr. Sábio Mundano é um excluído, e o sr. Legalidade, um impostor; já seu filho Civismo, apesar de sua aparência afetada, não passa de um hipócrita e em nada poderia ajudá-lo. Acredite em mim, não há nada de valor em todo o bla-bla-blá que ouviu acerca desses sujeitos estúpidos além do intento de afastá-lo de sua salvação, desviando-o do caminho em que o coloquei. —

Em seguida, Evangelista invocou os céus em voz alta, pedindo uma confirmação daquilo que havia dito, e, então, palavras e labaredas de fogo emanaram da montanha que se elevava acima do pobre Cristão, cujos pelos se arrepiaram diante de tamanho espetáculo. Tais foram as palavras pronunciadas: "Todos os que se apoiam nas práticas legais estão sob um regime de maldição, pois está escrito: 'Maldito aquele que não cumpre todas as prescrições do livro da lei' [Gl 3,10]".

E, por isso, Cristão passou a não esperar nada além da morte, e começou a chorar de forma lamentável, amaldiçoando até mesmo o momento em que havia encontrado o sr. Sábio Mundano, continuando a chamar-se mil vezes tolo por ter dado ouvidos ao seu conselho; também se sentia tomado pela vergonha, ao pensar em como os argumentos daquele cavalheiro, cuja origem era tão somente da carne, puderam dominá-lo e levá-lo a abandonar o reto caminho. Isso feito, dirigiu-se novamente a Evangelista, falando como se segue:

— Meu senhor, o que acha? Ainda há esperança? Poderei por acaso voltar e me dirigir até a porta estreita? Não serei abandonado por isso, e enviado de volta, coberto de humilhação? Sinto muito ter dado ouvidos ao conselho desse homem. Será meu pecado perdoado?

Respondeu-lhe, então, Evangelista: — Seu pecado é muito sério, pois você praticou dois males: abandonou o caminho que é bom e trilhou por sendas proibidas. No entanto, o homem que se encontra à porta há de recebê-lo, pois ele mostra boa vontade para com os homens.

— Mas — adicionou ele — cuidado para não se desviar novamente, "a fim de não perecer pelo caminho, quando então sua cólera estiver atiçada [Sl 2,12]". — Em seguida, Cristão disse-lhe que voltaria para o caminho, e Evangelista, depois de beijá-lo, sorriu-lhe, desejando-lhe boa sorte. Assim, Cristão partiu em disparada, sem falar com nenhum homem no trajeto e, caso alguém o abordasse, tampouco lhe concedia qualquer resposta. Andava como alguém que estivesse a todo tempo trilhando solo proibido e não se julgou seguro até retomar o caminho que havia abandonado ao seguir o conselho do sr. Sábio Mundano.

CAPÍTULO IV

Cristão chega à porta estreita e, ao bater, é gentilmente recebido.

Cristão alcançou, enfim, a porta. Ora, logo acima do batente, via-se escrito: "Bata, e a porta lhe será aberta [Mt 7,8]".

Sendo assim, ele bateu, mais de uma ou duas vezes, dizendo:

Posso aqui entrar? Quem dentro estará
E a um pobre homem esta porta abrirá?
Mesmo sem merecer, hei de prometer
Continuar a louvá-lo, até não mais poder.

Por fim, chegou à porta um homem muito sério, chamado Boa Vontade, e perguntou: — Quem vem lá? De onde vem? O que quer?

— Eis aqui um pobre pecador com seu fardo. Venho da Cidade da Destruição, mas sigo rumo ao Monte Sião, para que possa me livrar da cólera vindoura. Para tanto, meu senhor, como fui informado de que por esta porta passa o caminho até lá, será que me deixaria passar?

— Certamente hei de fazê-lo, de todo o coração — disse Boa Vontade, já abrindo a porta.

Mas, quando estava para entrar, o homem puxou-o de volta. — O que significa isso? — perguntou então Cristão. — Muito perto daqui, ergue-se um imponente castelo, governado por Belzebu. Dali, tanto ele quanto aqueles que o acompanham disparam flechas contra todos os que atravessam esta porta, para que morram antes mesmo de entrar.

Então, disse Cristão: — Alegro-me e estremeço. — E, tão logo havia entrado, o homem à porta perguntou-lhe quem o havia guiado até ali.

— Foi Evangelista quem me orientou a vir aqui e bater, como fiz, dizendo-me também que o senhor me indicaria o que deveria fazer em seguida.

— Uma porta aberta encontra-se diante de você, e homem nenhum poderá fechá-la.

— Agora começo a colher os benefícios dos riscos por que passei.

— Mas por que veio até aqui sozinho?

— Porque nenhum de meus vizinhos pressentiu os perigos que corria tanto quanto eu.

— E por acaso alguém mais soube da sua vinda?

— Sim, minha mulher e meus filhos viram-me ao sair e pediram-me que voltasse. Além deles, alguns de meus vizinhos ficaram lá gritando, chamando-me de volta, mas tapei os ouvidos e segui meu caminho.

— Mas nenhum deles seguiu-o para convencê-lo a voltar?

— Sim, Obstinado e Volúvel. No entanto, quando viram que não conseguiriam me persuadir, Obstinado voltou praguejando, mas Volúvel ainda me acompanhou por um pouco mais de tempo.

— E por que ele não veio com você até aqui?

— Na verdade, viemos juntos até chegarmos ao Lamaçal do Desânimo, onde subitamente afundamos. E, então, meu vizinho Volúvel esmoreceu, e ele não quis se arriscar mais além. Assim, saindo do pântano do lado mais próximo da casa dele, disse-me que eu poderia conquistar esta terra tão intrépida sozinho, até mesmo em seu nome. Seguiu então seu caminho, e eu tomei o meu; ele foi atrás de Obstinado, eu vim até esta porta.

E Boa Vontade retrucou: — Ah, pobre homem! Terá ele a glória celestial em tão pouca conta que pensou não valer a pena enfrentar os riscos que alguns obstáculos ofereceriam para alcançá-la?

— Certamente — disse Cristão. — Falei a verdade a respeito de Volúvel, mas também devo dizer toda a verdade a meu respeito, pois há de perceber que não há grandes diferenças entre ele e eu. Não menti ao dizer que ele voltou para casa, mas eu também me desviei e tomei o caminho da morte, ao ser convencido pelos argumentos carnais de um certo sr. Sábio Mundano.

— Ah, então ele o encontrou! Ora, certamente deve tê-lo feito ir buscar alívio nas mãos do sr. Legalidade. Ambos são grandes trapaceiros. Mas você acatou seus conselhos?

— Sim, até onde ousei. Fui em busca do sr. Legalidade, até considerar que a montanha onde fica sua casa poderia cair sobre mim, e vi-me então forçado a parar.

— Essa montanha já representou a morte de muita gente e continuará a ser o fim de muitos mais. Que bom que você não foi esmigalhado por ela.

— Ora, na verdade, não sei o que teria acontecido comigo ali se Evangelista não tivesse me encontrado novamente naquele lugar, quando já me via totalmente perdido. Mas foi graças à misericórdia de Deus que ele se aproximou de mim outra vez, caso contrário jamais teria chegado até aqui. Mas cá estou eu, mesmo sendo mais merecedor da morte naquela montanha do que de aqui estar conversando com o meu senhor. Ah, mas sou mesmo muito privilegiado, permitem-me até mesmo que entre pela porta!

— Não fazemos objeções a ninguém, pouco importando o que cada um tenha feito antes de aqui chegar. Ninguém é lançado fora [Jo 6,37], e, sendo assim, meu bom Cristão, acompanhe-me, e vou instruí-lo a respeito da via a trilhar. Olhe bem à sua frente, está vendo esta passagem estreita? ESTE é o caminho que deve tomar. Ele foi aberto pelos patriarcas, pelos profetas, por Cristo e seus apóstolos, e é tão reto quanto se tivesse sido feito com o auxílio de uma régua. Esta é a trilha que você deve seguir.

— Mas — disse Cristão — não há desvios nem curvas que façam um forasteiro perder-se no caminho?

— Sim, há muitos caminhos que se desmembram dele, e são todos sinuosos e largos. Mas você será capaz de distinguir as vias erradas da certa, já que apenas a correta é estreita e sem curvas [Mt 1,14].

Vi então, no meu sonho, que Cristão lhe perguntou se não poderia ajudá-lo a aliviar o fardo que trazia às costas, pois ainda não conseguira se livrar dele nem seria capaz de fazê-lo sem ajuda.

Boa Vontade respondeu-lhe: — Quanto ao seu fardo, contente-se em carregá-lo até chegar ao local de sua libertação, pois lá haverá de cair de suas costas por si só.

Assim, Cristão começou a ajeitar seu fardo para se preparar para a jornada. Boa Vontade disse-lhe, em seguida, que, quando já estivesse a certa distância da porta, chegaria à casa do Intérprete, em cuja porta deveria bater, e seu anfitrião lhe mostraria excelentes coisas. Cristão despediu-se então do amigo, que lhe desejou novamente boa sorte.

CAPÍTULO V

Cristão é recebido de forma muito agradável na casa do Intérprete.

Cristão continuou a caminhar até chegar à casa do Intérprete, onde bateu à porta inúmeras vezes. Alguém apareceu, por fim, perguntando quem estava ali.

— Meu senhor, sou apenas um viajante. Um conhecido do bom homem desta casa enviou-me aqui para que me ajudassem. Por isso, gostaria de falar com o dono da morada. — Mandaram então chamar o proprietário daquela casa, que, depois de pouquíssimo tempo, apareceu para falar com Cristão, perguntando-lhe o que queria.

— Meu senhor, — disse Cristão — venho da Cidade da Destruição e estou me dirigindo ao Monte Sião. O homem que fica à porta disse-me, no começo deste caminho, que deveria vir visitá-lo e que o senhor me mostraria excelentes coisas, que me auxiliariam em minha jornada.

— Faça o favor de entrar — disse o Intérprete. — Vou mostrar-lhe algo que será proveitoso. — Mandou, então, seu servo acender a vela, e pediu que Cristão o seguisse. Chegando a um aposento trancado, ordenou ao seu criado que abrisse a porta. Feito isso, Cristão viu pendurado na parede o quadro de uma pessoa muito séria. Tal era sua aparência: tinha os olhos voltados para o céu, trazia o melhor dos livros em sua mão, a lei da verdade escrita sobre seus lábios, o mundo atrás de suas costas. Ele postava-se como se apelasse aos homens, e uma coroa de ouro pendia sobre sua cabeça.

Em seguida, Cristão perguntou: — O que significa tudo isso?

— O homem cuja figura você está vendo é um dentre mil. Ele pode gerar filhos [I Co 4,15], dá-los à luz [Gl 4,19] e amamentá-los depois de nascerem. E, se você o está vendo com os olhos voltados aos céus, com o melhor dos livros nas mãos e a lei da verdade gravada nos lábios, é apenas para mostrar-lhe que o trabalho dele é conhecer e revelar coisas sombrias aos pecadores, assim como sua posição de súplica aos homens. O mundo que vê às suas costas e a coroa que pende da sua cabeça servem para mostrar-lhe que, ao desprezar e ignorar as coisas presentes pelo amor que tem ao serviço de seu Mestre, certamente terá por recompensa toda a glória no mundo que há de vir. Ora, — continuou o Intérprete — mostrei-lhe este quadro primeiro porque o homem cuja figura você está vendo é o único a quem o Senhor do lugar para onde você está indo autorizou a ser seu guia em todos os lugares difíceis que há de encontrar pelo caminho. Por isso, preste bastante atenção ao que lhe mostrei e mantenha sempre em mente o que viu, para que não encontre em sua jornada alguém que, fingindo estar conduzindo-o ao rumo certo, na verdade o esteja levando à morte.

Então, tomou Cristão pela mão, conduzindo-o a uma sala bem grande, cheia de poeira, já que nunca fora varrida. Depois de examiná-la por um tempo, o Intérprete ordenou a um homem que a varresse. Assim que começaram com a varrição, ergueu-se tanto pó que Cristão ficou a ponto de sufocar. Intérprete, então, disse a uma jovem que ali estava: — Traga água e borrife um pouco na sala. — Feito isso, a sala pôde ser varrida e limpa sem mais problemas.

Em seguida, Cristão disse: — O que significa tudo isto?

— Esta sala — respondeu Intérprete — é o coração de um homem que jamais foi abençoado pela doce graça do evangelho. A poeira é seu pecado original e as corrupções mais íntimas, que acabaram por maculá-lo por completo. Aquele que começou a varrer logo no início representa a Lei, ao passo que a pessoa que trouxe água e a borrifou por todo o cômodo é o Evangelho. Ora, você viu por si só que, assim que o homem começou a varrição, a poeira ergueu-se de tal forma que ficou impossível limpá-la, chegando a praticamente sufocá-lo. Tudo isso foi para lhe mostrar que a lei, por meio de sua ação, em vez de limpar os pecados do coração, na verdade fez com que eles revivessem e se tornassem mais fortes e amplos na alma

– ainda que os revele e condene –, pois não tem poder o bastante para subjugá-los [Rm 7,6; I Co 15,56; Rm 5,20].

— E depois, mais uma vez — continuou ele — você viu a jovem borrifar a sala com água, podendo então limpá-la sem grandes problemas. Isso aconteceu para mostrar-lhe que, quando o evangelho entra no seu íntimo, com suas inestimáveis e gentis influências, submete-se e deixa-se dominar o pecado, exatamente da mesma forma como você viu a jovem fazer a poeira baixar ao borrifar o chão com água: a alma torna-se limpa através da fé no evangelho e, consequentemente, fica pronta para ser a morada do Rei da glória [Jo 15,3; Ef 5,26; At 15,9; Rm 16,25; Jo 15,13].

Vi no meu sonho, além disso, que o Intérprete tomou Cristão pela mão e conduziu-o a um cômodo muito pequeno, onde duas crianças estavam sentadas, cada qual em sua cadeira. O nome do menino mais velho era Paixão, e o outro chamava-se Paciência. Paixão parecia bastante insatisfeito, ao passo que Paciência mostrava-se muito tranquilo. Então, perguntou Cristão: — Qual a razão para o descontentamento de Paixão? — Ao que o Intérprete respondeu: — Seu tutor quer que ele espere até o início do ano que vem para que lhe aconteçam grandes coisas, mas ele quer que elas ocorram agora. Paciência, no entanto, não se importa em esperar.

Vi, então, que alguém se aproximou de Paixão e, trazendo-lhe um saco, derramou um tesouro aos seus pés. Ele agarrou tudo o que pôde, alegrou-se e ainda zombou de Paciência. Continuei a observar e notei que todos os tesouros se dissiparam sem demora, restando a Paixão apenas farrapos.

— Explique-me melhor o que aconteceu — pediu Cristão ao Intérprete.

Respondeu-lhe o Intérprete: — Esses dois meninos são símbolos. Paixão representa os homens deste mundo, e Paciência, os homens do mundo que há de vir. Como pode ver, Paixão quer tudo agora, neste mesmo ano, ou seja, neste mundo. São assim os homens mundanos, eles necessitam grandes coisas agora, não podem esperar até o ano que vem – ou seja, até o mundo vindouro – para receber sua porção de tesouros. Aquele provérbio "mais vale um pássaro na mão do que dois voando" tem mais valor para eles do que todos os testemunhos Divinos dos bens do mundo que há de vir. Mas, como você bem pôde ver, Paixão livrou-se de tudo rapidamente, e, na verdade, não lhe restou nada além de farrapos. E é justamente isso que há de acontecer com esse tipo de homens no fim deste mundo.

Assim, Cristão concluiu: — Agora estou vendo que Paciência mostra-se mais sábio, e isso por duas razões. Primeiro, porque espera por coisas melhores. E, segundo, porque também há de ter glória, ao passo que nada além de farrapos resta ao outro.

— E você pode acrescentar ainda uma outra razão, já que a glória do mundo que há de vir jamais se esgotará, ao passo que as glórias terrenas passam subitamente. Por isso, Paixão não tinha grandes motivos para rir de Paciência só por ter recebido seus tesouros sem demora, enquanto Paciência terá toda razão para rir-se ao receber sua glória depois, já que os primeiros darão lugar aos últimos, já que estes terão por fim sua hora. Os últimos, porém, não cedem lugar a ninguém, pois não há quem os suceda. Aquele, portanto, que recebe primeiro seu tesouro deve necessariamente ter a oportunidade de gastá-lo, ao passo que aquele que o recebe por último há de ficar com ele para sempre. É por isso que se diz do rico: "Lembre-se de que recebestes teus bens em vida, mas Lázaro, males; por isso ele agora aqui é consolado, e tu estás em tormento [Lc 16,25]".

— Estou percebendo então — declarou Cristão — que é melhor esperar pelas coisas que virão do que cobiçar as que existem hoje.

— Está dizendo a verdade, "pois as coisas que se vê são transitórias, mas as coisas não vistas são eternas [II Co 4,18]". Ainda que seja assim, como as coisas presentes e nossos desejos carnais são vizinhos tão próximos e, mais uma vez, como as coisas que virão e a percepção da carne são tão estranhos um para o outro, é natural que os primeiros se tornem tão rapidamente amigos e que a distância entre os últimos se mantenha.

Em seguida, vi em meu sonho que o Intérprete tomou novamente Cristão pela mão, levando-o a um lugar onde se via uma fogueira acesa diante de uma parede, com alguém ao lado, jogando grandes quantidades de água no fogaréu, tentando apagá-lo. Ainda assim, as chamas continuavam a aumentar, ficando cada vez mais quentes.

Perguntou Cristão: — E isto, o que significa?

— Esta fogueira — respondeu o outro — é a obra da graça operando no coração. O sujeito que está jogando a água, na tentativa de apagá-la e extingui-la, é o Diabo; mas, como você pode ver, o fogo, independentemente da ação dele, continua a crescer e ficar mais quente, e vou mostrar-lhe a razão para isso. — Assim, ele conduziu Cristão para trás da parede, onde se via um homem com um vasilhame de óleo nas mãos. Em segredo, ele derramava o óleo no fogo, sem parar.

Cristão então perguntou: — E o que significa isto?

— Este é Cristo, — respondeu o Intérprete — que, continuamente, com o óleo da sua graça, mantém viva a obra já iniciada no coração, e, por meio dela, a despeito de tudo o que possa fazer o Diabo, as almas do seu povo provam continuar cheias de graça [II Co 12,9]. Mas você também há de ter reparado que o homem se coloca atrás da parede para alimentar o fogo, o que deve lhe mostrar quão difícil é para aqueles que são tentados ver como essa obra da graça se conserva na alma.

Também vi o Intérprete tomá-lo novamente pela mão, levando-o até um lugar aprazível, onde se erguia um imponente castelo, muito bonito de ver, tanto que Cristão ficou extasiado diante daquela visão. Ele pôde avistar ainda que, no cimo do castelo, havia algumas pessoas caminhando, todas vestidas de ouro.

— Podemos entrar neste castelo? — perguntou ele.

O Intérprete voltou a pegar sua mão para conduzi-lo até a porta da fortificação, e, já à entrada, viu-se uma grande assembleia de homens, todos desejosos de entrar, sem que, no entanto, nenhum deles ousasse fazê-lo. Via-se também um outro homem, sentado a certa distância da porta, ao lado de uma mesinha sobre a qual havia um tinteiro e um livro, em que ele anotava o nome daqueles que haveriam de entrar. Notou ainda que vários homens, trajando armaduras, postavam-se à entrada, barrando a passagem, dispostos a fazer qualquer tipo de ferimento e dano àqueles que tentassem entrar. Ao ver tudo aquilo, Cristão ficou completamente absorto. Por fim, quando todos começaram a recuar, com medo dos homens armados, Cristão percebeu que um certo sujeito, com uma expressão bastante decidida, se aproximara daquele que estava sentado, escrevendo, e disse: — Anote meu nome, senhor. — Depois de fazê-lo, desembainhou a espada, colocou um capacete na cabeça e avançou rumo à porta contra os homens armados, que, por sua vez, caíram sobre eles com uma força mortal. No entanto, o tal sujeito não esmoreceu, golpeando e atacando, mesmo caído. E, então, depois de se ferir e ferir muitos dos homens que tentavam mantê-lo do lado de fora, conseguiu abrir caminho através deles [At 14,22] e entrar no palácio, de onde se ouviram belas vozes, vindas daqueles que estavam lá dentro e até mesmo dos que caminhavam no topo do castelo, dizendo:

Entre, entre logo e perceberá,
Que a glória eterna aqui terá.

E, assim, ele entrou, vestindo-se com os mesmos trajes dos outros. Cristão começou a sorrir e disse: — Acho que já sei o significado disso tudo.

E adicionou: — Agora, devo seguir adiante. — Não, fique — exclamou o Intérprete — até que eu tenha lhe mostrado um pouco mais; depois, você poderá seguir seu caminho. — E, ao dizê-lo, tomou novamente sua mão e conduziu-o a um cômodo muito escuro, onde havia um homem sentado dentro de uma gaiola de ferro.

Ora, o homem parecia muito triste. Estava ali sentado com o olhar voltado para o chão, as mãos unidas, e suspirava como se tivesse o coração apertado. Cristão perguntou: — O que significa isto? — E o Intérprete pediu-lhe, então, que conversasse com o homem.

Assim, Cristão voltou-se para o sujeito: — O que você é? — Ao que o homem respondeu: — Sou o que não era no passado.

— E o que era antes?

Disse o homem: — Antes era um professor belo e próspero, tanto aos meus próprios olhos quanto aos dos outros. Acreditava estar pronto para ascender à Cidade Celestial e chegava a me alegrar até mesmo com os pensamentos de que um dia lá chegaria [Lc 8,13].

— Muito bem, mas e o que é agora?

— Agora sou um homem desesperado, e encontro-me preso nesse desespero tal qual nesta gaiola de ferro. Não consigo sair. Ah, já não consigo!

— Mas como você se pôs nessa situação?

— Parei de vigiar-me, de me manter sóbrio. Larguei as rédeas no pescoço dos meus desejos. Pequei contra a luz da Palavra e a bondade de Deus. Feri o Espírito, e ele se foi. Tentei o Diabo, e ele apareceu. Provoquei a cólera de Deus, e ele me abandonou. Endureci meu coração de tal forma que já não consigo me arrepender.

Então, Cristão dirigiu-se ao Intérprete: — Assim sendo, não há mais esperança para um homem como esse? — Pergunte a ele — respondeu o Intérprete.

— Assim sendo, — disse Cristão — não há mais esperança? Você tem de continuar preso na gaiola de ferro do desespero?

— Não, nenhuma.

— Ora, mas o Filho do Bem-Aventurado é tão misericordioso.

— Eu o crucifiquei novamente em meu íntimo [Hb 6,6], desprezei sua pessoa [Lc 19,14], desdenhei de sua retidão, "contei seu sangue como coisa ímpia", "ultrajei o Espírito da graça [Hb 10,28-29]". Assim, tranquei meu espírito para fora de todas as promessas, e agora não me resta nada além de ameaças, terríveis ameaças, temíveis ameaças de condenação certa e feroz indignação, que me devorarão como a um adversário.

— E por que você se deixou cair nessa condição? — perguntou-lhe o Intérprete.

— Pelas paixões, prazeres e proveitos deste mundo, ao prometer a mim mesmo muito júbilo ao desfrutar de tudo isso. Mas, agora, cada uma dessas coisas voltou para me abocanhar, atormentando-me como um bando de vermes ardentes.

— Mas você não pode se arrepender e voltar atrás? — perguntou novamente o Intérprete.

— Deus me negou o arrependimento. Sua Palavra não me encoraja a acreditar nele. Foi Ele mesmo quem me trancou nesta gaiola de ferro, e nem todos os homens do mundo têm o poder de me libertar. Ah, eternidade, eternidade! Como serei capaz de lutar contra a miséria que hei de encontrar na eternidade?

E, então, o Intérprete voltou-se para Cristão: — Lembre-se da miséria deste homem, e que ela lhe sirva de interminável advertência.

— Ora, — respondeu Cristão — isso é terrível! Que Deus me ajude a vigiar e manter-me sóbrio, e a orar para manter distantes as causas da miséria deste homem! Meu senhor, já não está na hora de eu retomar meu caminho?

— Espere até eu lhe mostrar uma última coisa. Em seguida, poderá prosseguir.

E, mais uma vez, o Intérprete tomou Cristão pela mão e levou-o a um cômodo onde alguém se levantava da cama e, ao se vestir, estremecia, balançando todo o corpo. Ao vê-lo, Cristão perguntou: — Por que este homem está tremendo tanto? — E o Intérprete ordenou ao homem que contasse a Cristão o motivo de seus atos. Ele tomou a palavra e disse: — Enquanto dormia, nesta noite, sonhei e vi os céus ficarem cada vez mais enegrecidos. Além disso, relampejava e trovejava de uma forma amedrontadora, tanto que fiquei completamente agoniado. Então, em meu sonho, olhei para o alto e vi as nuvens levadas pelo vento de uma maneira estranha, ouvi o toque, muito alto, de uma corneta e avistei um homem sentado em uma nuvem, assistido pelos milhares do céu – e tanto eles quanto o firmamento estavam envoltos em chamas ardentes. Ouvi, então, uma voz que dizia, "Levantai, mortos, e venham para seu julgamento", fazendo as rochas se romperem, os túmulos se abrirem e os mortos que lá estavam se levantarem. Alguns deles ficaram extremamente felizes e olhavam para o alto, ao passo que outros procuravam se esconder sob as montanhas [I Co 15,52; I Ts 4,16; Jd 14; Jo 5,28-29; II Ts 1,7-8; Ap 20,11-14; Is 26,21; Mq 7,16-17; Sl 95,1-3; Dn 7,10]. Vi, então, que o homem que estava sentado sobre a nuvem abriu o livro, ordenando que todos se aproximassem. No entanto, por conta de uma chama ardente que emanava dele, mantinha-se uma distância conveniente entre ele e os outros, como entre o juiz e os prisioneiros em um tribunal [Ml 3,2-3; Dn 7,9-10]. Ouvi ainda ser proclamado a todos aqueles que assistiam o homem sentado na nuvem: "Juntem o joio, a palha e o restolho, e lancem tudo no lago de fogo [Mt 3,12; 13,30; Ml 4,1]". E, imediatamente, abriu-se o abismo sem fundo, logo abaixo de onde eu me encontrava, e, de seu interior, jorraram copiosamente fumaça e labaredas de fogo, acompanhadas de sons horripilantes. Às mesmas pessoas, foi dito: "Recolham meu trigo no celeiro [Lc 3,17]". E vi muitos serem arrebatados e alçados às nuvens, ao passo que eu continuei no mesmo lugar [I Ts 4,16-17]. Procurei também um lugar para me esconder, mas não consegui fazê-lo, já que o homem sobre a nuvem não tirava os olhos de mim; meus pecados me vieram à mente, e minha consciência me acusava de todos os lados [Rm 3,14-15]. Foi então que despertei de meu sono.

— Mas o que foi que o deixou com tanto medo dessa visão? — perguntou Cristão.

— Ora, pensei que o dia do juízo havia chegado, e que eu não estava pronto para ele. Mas o que mais me apavorou foi o fato de os anjos terem arrebatado várias pessoas e me deixado para trás. Além disso, o abismo do inferno abriu-se muito perto de onde eu estava. E, também, a minha consciência afligia-se em meu íntimo, com o juiz sem tirar os olhos de mim enquanto eu pensava essas coisas, revelando completa indignação no seu semblante.

Em seguida, o Intérprete disse a Cristão: — Você já considerou todas essas coisas?

— Já, e elas inspiram-me esperança e medo ao mesmo tempo.

— Bom, mantenha tudo isso em mente, para que lhe seja como um espinho na carne, fazendo-o avançar no caminho que deve seguir. — E, então, Cristão começou a preparar-se para retomar sua jornada. Mas o Intérprete ainda lhe disse: — Que o Consolador esteja sempre com você, meu bom Cristão, para guiá-lo no caminho que leva à Cidade. — E Cristão partiu, dizendo:

Aqui vi coisas raras e proveitosas,
Agradáveis e temíveis, coisas valiosas;
Que me fortaleçam no que vim fazer,
Que me façam ponderar e compreender
Por que me foram mostradas, e que eu seja,
Ó, Intérprete, grato à sua palavra benfazeja.

CAPÍTULO VI

Cristão livra-se de seu fardo na cruz.

Agora via, em meu sonho, que a estrada por onde Cristão havia de seguir era murada de ambos os lados, e esse muro chamava-se Salvação [Is 26,1]. Por esse caminho, portanto, corria o sobrecarregado Cristão, não sem grandes dificuldades, por conta do fardo às suas costas.

E ele continuou correndo, até chegar a um aclive, em cujo topo erguia-se uma cruz e, pouco abaixo, no vale que se seguia, um sepulcro. Vi então, em meu sonho, que, assim que Cristão alcançou a cruz, seu fardo foi se afrouxando e escorregou pelos seus ombros, caindo-lhe das costas, e, já no chão, rolou até a entrada do sepulcro, mergulhando em seu interior, de forma que não mais o enxergava.

Assim, Cristão ficou alegre e aliviado, e disse, com o coração exultante: — Ele me ofereceu repouso, com seu sofrimento, e vida, com a sua morte. — E permaneceu ali por um certo tempo, olhando, admirado, pois se surpreendera imensamente ao perceber que a simples visão da cruz o aliviara de seu fardo. Por isso, olhou e olhou novamente, até que as fontes que se encontravam em sua fronte jorrassem água por todo o seu rosto [Zc 12,10]. Ora, enquanto ele permanecia ali, admirando e chorando, eis que três Seres Iluminados se aproximaram dele, e o saudaram, dizendo: — Que a paz esteja com você. — E o primeiro deles disse-lhe: — Seus pecados estão perdoados [Mc 2,5]. — O segundo despiu-o de seus farrapos, vestindo-o com uma nova muda de roupas [Zc 3,4]. E o terceiro marcou-lhe com um sinal na testa, deu-lhe um pergaminho lacrado com um selo e ordenou-lhe que tomasse conta dele no caminho, devendo entregá-lo no Portão Celestial [Ef 1,13]. Em seguida, partiram os três. Cristão deu três saltos de alegria e seguiu, cantando:

O PEREGRINO

Sobrecarregado de pecados aqui cheguei
E pude aliviar o pesar que até então trajei
Ah, mas que lugar mais venturoso!
Será o início de viver mais prazeroso?
Aqui finalmente meu fardo de minhas costas cairá?
E a amarra que o prende a mim se romperá?
Cruz bendita! Sepulcro bendito! Seja glorificado
O Homem que por mim foi sacrificado!

CAPÍTULO VII

Cristão encontra Simplório, Preguiça e Presunção dormindo a sono solto. É desprezado por Formalista e Hipocrisia. Sobe o desfiladeiro da dificuldade. Perde seu pergaminho e encontra-o de novo.

Vi então, em meu sonho, que Cristão continuou a seguir o caminho até, por fim, chegar a um vale, onde avistou, ligeiramente afastados da trilha, três homens que dormiam profundamente, com correntes nos tornozelos. O nome de um deles era Simplório, outro se chamava Preguiça, e o terceiro, Presunção.

Cristão, vendo-os deitados daquela forma, aproximou-se deles para tentar, talvez, acordá-los, e gritou: — Estão agindo como aqueles que dormem no alto de um mastro, visto que debaixo de vocês se encontra o Mar Morto, um abismo sem fundo [Pr 23,34]. Por isso, acordem e venham comigo; se mostrarem boa vontade, ajudarei-os a se livrar de suas correntes. — E acrescentou: — Se aquele que "espreita como um leão que ruge" se aproximar, certamente vocês se tornarão presas fáceis de seus dentes [I Pd 5,8]. Ouvindo tais palavras, olharam para ele e responderam assim: — Não estou vendo nenhum perigo — disse Simplório. — Só mais uns minutinhos de sono — retrucou Preguiça. — Todo barril deve se sustentar por sobre o próprio fundo, o que mais posso lhe dizer? — completou Presunção. E, assim, voltaram a dormir, e Cristão seguiu seu caminho.

Mas ele continuava perturbado, pensando nos perigos a que estavam expostos aqueles homens e na pouca consideração que mostraram a alguém que lhes oferecera ajuda de forma tão desprendida, despertando-os, aconselhando-os e até mesmo voluntariando-se a livrá-los de seus grilhões. Enquanto se preocupava com o ocorrido, avistou dois outros homens pulando o muro à esquerda do estreito caminho e, logo em seguida, alcançando-o sem demora. O primeiro se chamava Formalista, e, o segundo, Hipocrisia. E, como já havia dito, aproximaram-se de Cristão, que pôs-se a conversar com eles:

— De onde vêm os senhores e para onde se dirigem?

— Nascemos na terra da Vanglória — disseram os dois ao mesmo tempo — e vamos louvar no Monte Sião.

— E por que não entraram pela porta que fica no início do caminho? Por acaso não sabem que está escrito que aqueles que não entram pela porta, mas que "ascendem por qualquer outro meio, são nada mais que ladrões e salteadores [Jo 10,1]"?

Retrucaram ambos: — Todos os locais nos disseram que entrar pela porta, que se encontra muito longe daqui, era uma grande perda de tempo e que, por isso, a maneira usual era tomar um atalho e pular o muro, como eles mesmos haviam feito.

— Mas não será considerada uma transgressão contra o Senhor da cidade para onde nos dirigimos violar assim sua vontade revelada?

— Disseram-nos que não precisaríamos nos preocupar com tal coisa, já que apenas estaríamos fazendo o que era costume, e que poderiam dar testemunho, caso fosse necessário, de que isso já vem acontecendo há mais de mil anos — os dois responderam.

— Mas — perguntou Cristão — será que essa sua prática resistirá a um julgamento perante a lei?

— Disseram ainda que tal costume, tão antigo que já dura mais de mil anos, certamente seria admitido como legal por qualquer juiz imparcial. Além disso, — acrescentaram ambos — se conseguimos chegar ao caminho, de que importa a forma como nele entramos? Se aqui estamos, aqui estamos, e pronto. Você está no caminho e, pelo que nos parece, entrou pela porta, mas nós, que pulamos o muro, também aqui nos encontramos. De que maneira sua condição seria melhor do que a nossa?

— Eu caminho de acordo com as regras do meu Mestre; vocês, de acordo com o raciocínio intransigente de sua imaginação. Já são tidos como ladrões pelo Senhor do caminho e, por isso, duvido que serão considerados homens corretos no fim da jornada. Aqui entraram por conta própria, sem a orientação dele, e continuarão por conta própria, sem sua misericórdia.

Ao ouvirem tais palavras, mal lhe responderam, dizendo apenas que Cristão deveria cuidar de si mesmo. Vi, então, que prosseguiram no caminho cada qual de sua forma, sem muita conversa, a não ser para dizer a Cristão que, no que tocava a leis e mandamentos, não duvidavam de sua eficácia, cumprindo-os de forma tão diligente quanto ele. E, assim, disseram também: — Não vemos no que seria diferente de nós dois, a não ser pelo casaco que traz às costas, que, imaginamos, foi-lhe dado por alguns de seus vizinhos para esconder a vergonha de sua nudez.

— Vocês não serão salvos por leis e mandamentos, já que não entraram pela porta [Gl 2,16]. Quanto ao casaco que trago às costas, foi-me ofertado pelo Senhor do lugar para onde estou indo a fim de, como vocês mesmos afirmam, cobrir minha nudez. E aceitei-o como sinal de sua gentileza para comigo porque, antes disso, apenas trajava farrapos. Além do mais, assim posso me consolar pelo caminho. Certamente acredito que, assim que chegar ao portão da cidade, o Senhor de lá me reconhecerá justamente pelo fato de eu trazer seu casaco às costas – casaco que ele me ofertou gratuitamente no dia em que me despiu de meus trapos. E, à parte tudo isso, tenho também uma marca na testa – sinal no qual talvez ainda não tenham reparado – que foi gravada por um dos mais íntimos associados do meu Senhor no dia em que meu fardo me caiu dos ombros. E digo-lhes mais, foi-me dado na mesma ocasião um pergaminho selado, para consolar-me com sua leitura à medida que avanço no caminho. Também fui orientado a entregá-lo no Portão Celestial, como prova de que serei admitido sem sombra de dúvida. Todas essas coisas, não duvido, lhes fazem falta, e desejam tê-las justamente por não terem entrado pela porta.

A essas palavras Formalista e Hipocrisia não tinham resposta; e ambos simplesmente se entreolharam e riram. Vi, então, que todos continuaram a seguir o caminho, à exceção de Cristão, que ficou para trás por não ter mais o que lhes dizer, falando agora apenas consigo mesmo, ora extenuado, ora aliviado. E lia o pergaminho que um dos Seres Iluminados lhe havia dado, e com ele se revigorava.

Percebi, então, que todos prosseguiram até chegar ao pé do Desfiladeiro da Dificuldade, onde se encontrava uma fonte. No mesmo lugar, também se viam dois outros caminhos, além daquele que vinha em linha reta desde a porta; um dirigia-se à esquerda, e o outro, à direita, seguindo a base do desfiladeiro; o caminho estreito, por sua vez, seguia encosta acima, e, por isso, fora dado o nome de Dificuldade ao íngreme desfiladeiro. Cristão encaminhou-se à fonte, bebeu um pouco de sua água para refrescar-se [Is 49,10] e, então, começou a subir a encosta, dizendo:

Mesmo alta, essa encosta pretendo escalar,
A dificuldade não há de me paralisar.
Percebo que por aqui passa o caminho da vida;
Que meu coração não tema nem pereça na subida.
É melhor o caminho difícil e correto, que traz exaltação,
Do que a via fácil e errada, cujo fim é pura tribulação.

Os outros dois homens também chegaram ao pé da encosta. Mas, quando viram que a subida era íngreme e longa e que havia dois outros caminhos a tomar, e supondo ainda que ambos os desvios pudessem voltar a se encontrar do outro lado do morro com a direção que Cristão havia tomado, resolveram, então, seguir essas trilhas. Ora, o nome de uma delas era Perigo, e o da outra, Destruição. Assim, um deles seguiu pelo caminho nomeado Perigo, que o conduziu até uma enorme floresta, ao passo que o outro enveredou pela trilha que levava à Destruição, que acabava em um vasto campo, repleto de montanhas sombrias, onde ele tropeçou e caiu, para nunca mais se levantar.

Procurei então Cristão, para observá-lo subindo a encosta, e notei que passou a caminhar – em vez de correr, como fazia antes – e, depois, a escalar, apoiado nas mãos e joelhos, de tão íngreme que era a subida. Ora, mais ou menos a meio caminho do topo da encosta, via-se um pergolado bastante aprazível, construído pelo Senhor da encosta para refrescar os viajantes cansados. Ali chegando, Cristão sentou-se para descansar. Tirou o pergaminho do peito, onde o guardara, e leu para reconfortar-se. Começou também a examinar com mais esmero o casaco que lhe haviam dado ao parar diante da cruz, alegrando-se um pouco com essa ocupação. Deixou-se, por fim, vencer pelo cansaço, cochilando inicialmente e logo caindo em um sono profundo que o deteve naquele mesmo lugar até quase a noite. E, em seu sono, o pergaminho lhe escapou da mão. Com ele ainda dormindo, aproximaram-se dele e despertaram-no, dizendo: — Veja a formiga, preguiçoso, preste atenção em suas atitudes e seja sábio [Pr 6,6]. — E Cristão assustou-se e apressou-se a retomar o caminho, mantendo o ritmo até chegar ao topo da encosta.

Agora, já no cume, dois homens vieram correndo ao seu encontro; um deles se chamava Hesitante, e o outro, Desconfiança. Cristão disse-lhes, então: — Senhores, qual o problema? Estão correndo na direção errada. — Hesitante respondeu que se dirigiam à Cidade de Sião e subiram até aquele ponto impraticável, mas perceberam que, à medida que avançavam, mais perigos encontravam e, por isso, estavam voltando para trás.

— Isso mesmo, — disse Desconfiança — pois bem à nossa frente avistamos um par de leões, deitados exatamente no meio do caminho, e não sabemos se estavam dormindo ou acordados, mas não pudemos deixar de pensar que, se chegássemos perto o bastante, eles nos estraçalhariam imediatamente.

Disse, em seguida, Cristão: — Assim me deixam com medo, mas para onde haverei de fugir para ficar seguro? Se voltar para a minha terra – que está reservada a perecer sob fogo e enxofre –, certamente ali morrerei. Se conseguir chegar à Cidade Celestial, tenho certeza de que lá estarei em segurança. Devo arriscar. Retornar é morte certa, avançar representa medo da morte, e a vida eterna situa-se mais além. Vou prosseguir. — E, assim, Desconfiança e Hesitante desceram correndo a encosta, enquanto Cristão seguiu em seu caminho. Mas, voltando a pensar no que ouvira dos homens, apalpou o peito à procura do pergaminho, com a intenção de lê-lo e buscar algum consolo. Mas procurou, procurou e nada encontrou. Foi então que Cristão viu-se em grande tormento, sem saber o que fazer, já que precisava não só daquilo que costumava tranquilizá-lo, mas também do seu passe para a Cidade Celestial. Nesse instante, por conta disso, sua mente ficou bastante confusa, e não fazia ideia de que decisão tomar. Por fim, lembrou-se de ter dormido sob o pergolado na encosta do precipício e, caindo de joelhos, pediu perdão a Deus por aquela tola ação e voltou para procurar seu pergaminho. Mas, durante seu trajeto de volta, quem há de saber quanto pesar havia no peito de Cristão? Ora suspirava, ora chorava e repreendia-se sem cessar por ter sido tão insensato a ponto de adormecer naquele lugar, que havia sido construído apenas para proporcionar um breve descanso aos viajantes. Com isso em mente, retornou, prestando muito atenção em todos os lados do caminho, na esperança de encontrar o pergaminho que tantas vezes fora seu conforto naquela jornada. Continuou descendo até avistar novamente o pergolado onde se sentara e dormira, mas tal visão renovou seu pesar, trazendo-lhe mais uma vez – e com força redobrada – a lembrança da insensatez de seus atos [Ap 2,5; I Ts 5,7-8]. Descia lamentando seu sono pecaminoso, dizendo: — Ah, que homem mais miserável sou, dormindo no meio do dia! Dormindo em meio às dificuldades! Cedendo à carne, usando de meu descanso para aliviar meu corpo, mesmo que o Senhor do desfiladeiro tenha construído tal lugar apenas para o alívio do espírito dos peregrinos! Quantos passos dei em vão! O mesmo aconteceu a Israel, por conta de seus pecados, pois foram todos enviados de volta em meio ao Mar Vermelho, ao passo que eu tenho agora de trilhar este caminho com pesar, enquanto poderia tê-lo feito com alegria, não fosse por esse sono pecaminoso. Quanto já não poderia ter avançado no caminho durante esse tempo desperdiçado! Tenho de refazer o mesmo trajeto três vezes, algo que poderia ter feito apenas uma. E, além disso, é também provável que a noite me alcance, já que o dia está quase chegando ao fim. Ah, se eu não tivesse adormecido!

 E, finalmente, chegou de volta ao pergolado, onde sentou-se por algum tempo, chorando. Por fim, como Cristão tanto queria, ao olhar com tristeza por debaixo do banco, avistou seu pergaminho e, agarrando-o sem demora com o corpo trêmulo, guardou-o mais uma vez junto ao peito. Quem conseguiria descrever quanta alegria sentia esse homem por recuperar seu pergaminho! Aquele objeto era a garantia da sua vida e certeza de aceitação no desejado céu. E, assim, manteve-o bem perto do peito, deu graças a Deus por ter guiado seu olhar até o lugar onde ele se encontrava e, com alegria e lágrimas nos olhos, retomou sua jornada. Mas, ah, com que avidez subiu o restante do desfiladeiro! Porém, antes de chegar ao topo, o sol já havia se posto, e aquilo fez com que se lembrasse uma vez mais da futilidade de seu sono, e novamente começou a se lamentar. — Ah, sono pecaminoso, por sua causa a noite me alcança no meio de minha jornada! Devo caminhar sem a companhia do sol, com as trevas cobrindo meus passos, e sou obrigado a ouvir os ruídos das criaturas sofredoras, por conta de meu sono pecador [I Ts 5,6-7]. — E, então, lembrou-se também da história contada por Desconfiança e Hesitante e de quanto eles se apavoraram ao ver os leões, dizendo para si mesmo, uma vez mais: — Essas bestas saem à noite em busca de suas presas. E, se me encontrarem no escuro, como poderei escapar delas e evitar ser estraçalhado? — E, assim, continuou seu percurso. Mas, enquanto lamentava seu triste deslize, ergueu os olhos e viu diante de si um palácio muito imponente, cujo nome era Belo, erigido bem ao lado do caminho.

CAPÍTULO VIII

Cristão passa em segurança pelos leões e chega ao palácio chamado Belo, onde é gentilmente recebido e hospedado com alegria.

Vi então, em meu sonho, que Cristão apertou o passo e seguiu em frente, pensando que talvez fosse possível hospedar-se ali. Ora, antes mesmo de conseguir avançar muito, ele entrou em uma passagem bastante estreita e, dali a cerca de 200 metros, avistou a guarita do porteiro. Prosseguindo com muito cuidado, prestando bastante atenção no caminho, enxergou dois leões à frente. — Agora — disse para si mesmo — estou vendo os perigos que fizeram com que Desconfiança e Hesitante voltassem por onde vieram. — Os leões estavam acorrentados, mas ele não conseguia ver suas correntes. Encheu-se de medo, então, e também cogitou voltar, como haviam feito os outros dois, por acreditar que a morte o esperava adiante. Mas o porteiro na guarita, cujo nome era Vigilante, percebendo que Cristão vacilara, como se estivesse a ponto de voltar atrás, gritou-lhe, dizendo: — Sua força é assim tão diminuta [Mc 8,34-37]? Não tema os leões, pois estão acorrentados, e foram colocados aqui para mostrar onde se encontra a fé e revelar aqueles que não a têm. Mantenha-se no meio do caminho e nada há de sofrer.

Vi, então, que ele avançava, tremendo de medo dos leões, mas levando em consideração as orientações do porteiro. Ouviu as feras rugirem, mas elas não lhe fizeram nenhum mal. Em seguida, ele bateu palmas e seguiu adiante, até alcançar o portão em que estava o porteiro. Assim, disse: — Meu senhor, que casa é esta? Posso hospedar-me aqui nesta noite? — Ao que o porteiro respondeu: — Esta casa foi construída pelo Senhor da encosta, e ele a erigiu para alívio e segurança dos peregrinos. — E, em seguida, perguntou a Cristão de onde vinha e para onde ia.

— Venho da Cidade da Destruição e sigo para o Monte Sião, mas como o sol já se pôs, gostaria, se possível, pousar aqui nesta noite.

— Qual é o seu nome?

— Agora meu nome é Cristão, mas eu antes me chamava Desgraçado. Venho da linhagem de Jafé, a quem Deus persuadiu residir nas tendas de Sem [Gn 9,27].

— Mas por que chegou tão tarde? O sol já se pôs.

— Eu teria chegado mais cedo mas, "ah, como sou desventurado!". Dormi sob o pergolado que se encontra na encosta. Contudo, se fosse apenas por isso, ainda teria chegado mais cedo, só que, durante meu sono, perdi minha prova e cheguei ao pico sem ela; ao procurá-la, sem encontrá-la, fui forçado, com pesar no coração, a voltar ao lugar onde dormira, achando-a ali e, por isso, chegando só agora.

— Bom, vou chamar uma das virgens do lugar, e, caso goste de sua conversa, ela o levará até o resto da família, segundo as regras da casa. — Em seguida, o porteiro Vigilante tocou um sino, fazendo surgir à porta da casa uma bela donzela, muito séria, chamada Discrição, que lhe perguntou o porquê de ter sido chamada.

O porteiro respondeu-lhe: — Este homem está em viagem, vindo da Cidade da Destruição em direção ao Monte Sião, mas, exausto e surpreendido pela noite, perguntou-me se poderia hospedar-se aqui. Disse-lhe então que a chamaria e que, depois de conversar com ele, você faria o que lhe parecesse melhor, segundo as leis da casa.

Ela em seguida perguntou a Cristão de onde vinha e para onde ia, e ele lhe respondeu. Perguntou-lhe também como entrara no caminho, e ele contou-lhe tudo. Depois, ela quis saber o que ele tinha visto, e com o quê deparara no caminho, e ele respondeu. Por fim, perguntou seu nome, ao que ele respondeu: — Cristão, e minha vontade de hospedar-me aqui tornou-se ainda maior porque, pelo que noto, este lugar foi erigido pelo Senhor da encosta para alívio e segurança dos peregrinos. — Ela, então, sorriu, mas de seus olhos surgiram-lhe lágrimas, e, depois de uma breve pausa, disse: — Vou chamar mais duas ou três pessoas da família. — Correu até a porta e chamou Prudência, Piedade e Caridade, que, depois de trocar mais algumas palavras com ele, aceitaram-no na casa, e muitos daqueles que o encontraram à porta da casa disseram: — Entre, bendito do Senhor. Esta casa foi construída pelo Senhor da encosta com o propósito de hospedar peregrinos como você. — Ele então fez uma reverência com a cabeça e seguiu-as para dentro da casa. Já lá dentro, sentado, deram-lhe algo de beber e decidiram, em consenso, que, até que a ceia ficasse pronta, alguns deles teriam uma conversa particular com Cristão, para melhor aproveitarem o tempo, e apontaram para essa tarefa Piedade, Prudência e Caridade, que iniciaram a entrevista assim:

— Meu bom Cristão, — disse Piedade — já que temos sido tão amáveis com você, recebendo-o em nossa casa nesta noite, conversemos sobre todas as coisas que lhe aconteceram em sua peregrinação, o que, talvez, nos tornará a todos pessoas melhores.

— De muito bom grado, e fico feliz em ver como estão dispostos a fazê-lo.

— De início, o que o motivou a lançar-se à vida de peregrino? — perguntou Piedade.

— Saí da minha terra natal por conta de um terrível som que ecoava em meus ouvidos, por perceber que uma destruição inevitável me esperava caso permanecesse naquele lugar.

— E por que saiu de sua terra justamente por este caminho?

— Foi assim que Deus quis, já que, quando o medo da destruição passou a me atormentar, fiquei sem saber para onde ir. Mas, por acaso, apareceu um homem – justamente no momento em que me achava tremendo e chorando –, chamado Evangelista, que me direcionou para a porta estreita e, assim, me colocou no caminho que veio dar diretamente nesta casa. Sem sua ajuda, jamais teria encontrado essa trilha.

— Mas você não passou pela casa do Intérprete?

— Sim, e vi ali coisas cuja lembrança permanecerá comigo enquanto eu viver, em especial de três delas: a de que Cristo

– independentemente do que faz Satanás – conserva sua abençoada obra no coração; a de que há homens que pecaram tanto que já não podem mais ter esperanças na misericórdia divina; e, também, do sonho do sujeito que acreditava ter chegado o dia do juízo final.

— Por quê? Você ouviu-o contar-lhe seu sonho?

— Sim, e que sonho horrível. Acredito que chegou a me causar dor no coração, mesmo que tenha ficado feliz por ter ouvido seu relato.

— E isso foi tudo o que viu na casa do Intérprete?

— Não, ele também me levou a um certo lugar onde pude ver um imponente palácio, com pessoas que trajavam ouro em seu interior. Vi, então, um homem muito ousado chegar, abrir caminho em meio aos guardas armados que vigiavam a porta e tentavam impedi-lo de entrar e, por fim, ser convidado para dentro do palácio e conquistar a eterna glória. Acredito que essas coisas me arrebataram o coração! Poderia muito bem ter ficado na casa daquele bom homem por um ano inteiro, mas sabia que tinha de continuar viagem.

— E o que mais viu pelo caminho?

— O que vi? Ora, continuei mais um pouco e avistei, como imaginava, aquele que pendia da cruz, sangrando. Sua mera visão fez com que meu fardo caísse de minhas costas – porque eu gemia sob uma carga extenuante – e, então, vi-me livre dela. Foi, para mim, algo muito estranho, porque jamais vira aquele tipo de coisa antes. E, enquanto eu estava ali de pé, olhando a cruz, já que não conseguia tirar os olhos dela, aproximaram-se de mim três Seres Iluminados. Um deles testemunhou que meus pecados haviam sido perdoados, o segundo tirou-me os farrapos do corpo e presenteou-me com o casaco bordado que está vendo, e o terceiro gravou o sinal na minha testa, oferecendo-me ainda este pergaminho selado. — E, ao dizê-lo, Cristão tirou o pergaminho do peito e mostrou-o a Piedade.

— Mas você viu mais do que isso, não?

— As coisas que lhe contei foram as melhores, mas também vi outras. Por exemplo, vi três homens, Simplório, Preguiça e Presunção, adormecidos um pouco apartados do caminho, com correntes nos tornozelos. E você acha que consegui acordá-los? Vi também Formalista e Hipocrisia pularem por sobre o muro com a intenção de seguir até Sião, mas eles se perderam muito rápido, como eu mesmo lhes havia dito, sem que acreditassem em mim. Contudo, o que mais importa é quanto tive de me esforçar para subir esta encosta, sendo igualmente difícil passar rente às bocas dos leões, e, na verdade, não fosse por esse bom homem, o porteiro que guarda a entrada desta construção, não sei se não teria decidido, por fim, retornar. Mas agora agradeço a Deus por estar aqui, e agradeço-lhes por terem me recebido.

    Prudência, então, achou conveniente fazer-lhe algumas perguntas, desejando que ele as respondesse, e começou pela que segue:

— Você às vezes não pensa na terra de onde veio?

— Sim, mas com muita vergonha e ódio. "Na verdade, se ainda pensasse naquele lugar desde que de lá saí, poderia ter tido a oportunidade de voltar. Agora, no entanto, desejo uma terra melhor, ou seja, uma terra celestial [Hb 11,15-16]."

— Você ainda não continua complacente em relação a algumas das coisas com as quais estava familiarizado antes?

— Sim, mas completamente contra a minha vontade, em especial no que se refere a meus pensamentos íntimos e carnais, com que todos os meus conterrâneos, tanto quanto eu, se deleitavam. Mas, agora, todas essas coisas me fazem mal, e se eu fosse capaz de escolher meus próprios pensamentos, preferiria jamais tornar a pensar nelas. No entanto, ao tentar fazer o que há de melhor, o que há de pior continua a permanecer em mim [Rm 7,16-19].

— Você não acha que, às vezes, essas coisas parecem ter sido dominadas, ao passo que continuam a ser uma dificuldade para você em outros momentos?

— Sim, mas isso é raro. Quando acontece, porém, essas são horas valorosas.

— Por acaso é capaz de se lembrar o motivo para, às vezes, tais contrariedades lhe parecerem dominadas?

— Sim. Isso acontece quando penso no que vi diante da cruz, quando olho meu casaco bordado, quando leio o pergaminho que trago junto ao peito, e também quando me ponho a pensar no lugar para onde estou indo.

— E o que faz com que deseje tanto ir até o Monte Sião?

— Ora, espero que lá eu possa ver bem vivo aquele que avistei pendurado na cruz; e também espero livrar-me de todas essas coisas que continuam a me aborrecer até hoje em meu íntimo. Dizem que lá não existe morte, e lá viverei na companhia Daquele que mais me agrada [Is 25,8; Ap 21,4]. A bem da verdade, devo dizer-lhe que O amo, justamente por ter sido aliviado de meu fardo por Ele, e estou exausto da doença que carrego em meu íntimo. Preferiria estar onde não morrerei mais, junto àqueles que clamam sem cessar: "Santo, Santo, Santo".

Caridade, então, perguntou a Cristão: — Você tem família? É um homem casado?

— Tenho mulher e quatro filhos jovens.

— E por que não os trouxe consigo?

Ao ouvir a pergunta, Cristão começou a chorar e disse: — Ah, como gostaria de ter feito isso! Mas todos eles foram absolutamente contra minha peregrinação.

— Mas você deveria ter conversado com eles e se esforçado para lhes mostrar o perigo que corriam ao ficar para trás.

— E foi o que eu fiz, além de dizer-lhes que Deus me havia mostrado a destruição de nossa cidade. "Mas eu lhes parecia alguém digno de zombaria [Gn 19,14]", e não acreditaram em mim.

— E por acaso você orou a Deus para que abençoasse o conselho que lhes estava oferecendo?

— Orei, e com muita afeição, pois você há de acreditar que tanto minha esposa quando meus pobres filhos me eram muito queridos.

— Mas você lhes relatou o pesar que sentia e quanto temia a destruição? Pois suponho que, para você, a destruição era algo bem palpável, não?

— Sim, e a cada dia mais e mais. Talvez eles também pudessem ver os temores em meu semblante, nas minhas lágrimas e também na forma como tremia meu corpo, por conta da apreensão que eu tinha do julgamento que pairava sobre nossa cabeça. No entanto, nada disso foi suficiente para convencê-los a vir comigo.

— Mas o que eles alegaram para não acompanhá-lo?

— Ora, minha mulher tinha medo de perder este mundo, e meus filhos se dedicavam aos tolos prazeres da juventude. Por isso, a primeira por um motivo e os últimos por outro, todos me deixaram partir assim, sozinho.

— Mas será que, com sua vida fútil, você não teria contrariado tudo o que, com palavras, usava para tentar persuadi-los a vir com você?

— É verdade, minha vida não é das mais recomendáveis, e tenho consciência de minhas muitas faltas. Sei também que qualquer homem, por sua conduta, pode logo derrubar aquilo que, por argumentos ou persuasão, tenta impor aos outros, para seu próprio bem. Mas posso lhe dizer que eu prestava muita atenção em não lhes dar motivo, por meio de alguma atitude inadequada, para execrar a ideia da peregrinação. E, justamente por isso, eles viviam me dizendo que eu era rígido demais, que me privava de certas coisas em que não viam mal nenhum – por causa deles. Não, acho que posso dizer que, se em mim viram algo que realmente os deteve, deve ter sido a grande dor que eu sentia ao pecar contra Deus ou ao fazer algum mal contra meu próximo.

— É verdade que Caim odiava seu irmão — acrescentou Caridade — "porque suas próprias obras eram más, sendo justas as de Abel [I Jo 3,12]". Se sua esposa e filhos se ressentiram com você por isso, mostraram-se assim implacáveis diante do bem, "você libertou sua alma do sangue deles [Ez 3,19]".

Vi então, em meu sonho, que continuaram conversando até que ficasse pronta a ceia. E, ao estarem todos prontos, sentaram-se para comer. Ora, na mesa via-se "fartura e vinho muito refinado", e a conversa à refeição girava em torno do Senhor da encosta, nomeadamente a respeito do que ele havia feito, das razões que o levaram a fazer tais coisas e também dos motivos para ter construído aquela casa. E, pelo que disseram, percebi que ele havia sido um grande guerreiro, que combatera e destruíra "aquele que tinha o Poder da morte", não sem correr grande perigo, o que me fez amá-lo ainda mais [Hb 2,14-15].

— Porque, como já foi dito, e como creio eu, — disse Cristão — tudo o que ele fez acarretou muita perda de sangue, mas o que incute a glória divina em seus feitos é o fato de tê-los realizado por amor a esta terra. Além disso, alguns moradores desta casa disseram-me que chegaram a vê-lo e conversaram com ele depois de sua morte na cruz, atestando ter ouvido de sua própria boca que ele ama tanto os pobres peregrinos que, de leste a oeste, não se acha amor igual.

— Deram também, como exemplo daquilo que me haviam afirmado, que ele se despira da própria glória em favor dos pobres, e ouviram-no dizer ainda "que ele não haveria de habitar sozinho no Monte Sião". Por fim, explicaram-me que ele tornara príncipes muitos peregrinos, mesmo que tivessem nascido mendigos, em meio ao esterco [I Sm 2,8; Sl 113,7].

Continuaram a conversar até tarde da noite e, depois de se entregar à proteção do Senhor, foram, por fim, repousar. Instalaram o Peregrino em um grande aposento no andar superior cuja janela dava para o leste. O nome desse quarto era Paz, e ele ali dormiu até o raiar do dia, quando, então, despertou e pôs-se a cantar:

Onde estou? Será esse o carinho e o amor
Que tem Jesus por cada peregrinador?
Todos ele perdoa, e até mesmo este réu,
Deixando-me habitar a vizinhança do céu!

E assim, logo de manhã, todos se levantaram e, depois de conversar um pouco, disseram a Cristão que não partisse sem antes ver as raridades daquele lugar. Levaram-no primeiro à biblioteca, onde lhe mostraram documentos extremamente antigos, indicando-lhe, antes de tudo, se bem me lembro do sonho, a ascendência do Senhor da encosta, que era filho do Ancião de Dias, que viera à existência sob essa eterna geração. Ali também estavam plenamente registrados os atos que ele executara, os nomes das muitas centenas de seres que tomara para seu serviço, e como ele os havia posto em moradas que nunca seriam destruídas, fosse pela passagem dos dias, fosse pela degradação da natureza.

Leram-lhe, em seguida, alguns dos valorosos atos que alguns de seus servos haviam feito, de como "conquistaram reinos, praticaram a justiça, viram realizar-se as promessas, taparam bocas de leões, extinguiram a violência do fogo, escaparam ao fio da espada, triunfaram de enfermidades, foram corajosos na guerra e puseram em debandada exércitos estrangeiros [Hb 11,33-34]".

Depois leram uma outra seção dos registros da casa, em que se via quão disposto seu Senhor estava a receber em sua graça qualquer um, mesmo aqueles que no passado haviam afrontado grandemente tanto à sua pessoa quanto aos seus métodos. Ali também estavam dispostas diversas histórias de muitas outras coisas famosas, oferecendo a Cristão um vislumbre de todas, tanto antigas quanto modernas, além de profecias e previsões de acontecimentos que certamente ocorrerão, tanto para espanto e horror dos inimigos quanto para consolo e alívio dos peregrinos.

No dia seguinte, levaram-no à sala de armas, onde lhe mostraram toda sorte de equipamento que seu Senhor havia providenciado aos peregrinos, tais como espadas, escudos, capacetes, couraças, ORAÇÕES de todos os tipos, e calçados que nunca ficam gastos, o suficiente para munir tantos homens a serviço do Senhor quanto há estrelas no firmamento.

Também lhe mostraram parte dos apetrechos com que alguns de seus servos haviam feito maravilhas. Mostraram-lhe a vara de Moisés, o martelo e o cravo com que Jael matou Sísera, e também os cântaros, as trombetas e as tochas com que Gideão fez bater em retirada os exércitos de Midiã. Indicaram-lhe, então, o aguilhão de bois que Sangar usou para matar 600 homens, e a queixada com que Sansão fez tantas façanhas. Mostraram-lhe, além disso, a funda e a pedra que Davi usou para matar Golias de Gate, e também a espada com que seu Senhor matará o Homem da Iniquidade, no dia em que se elevar para o arrebatamento. Apresentaram-lhe ainda muitas coisas excelentes, e Cristão ficou inebriado com todas elas. Terminada tal visita, já era hora de dormir.

Vi então, em meu sonho, que, na manhã seguinte, ele se levantou decidido a seguir viagem, mas quiseram que ele permanecesse por mais um dia, dizendo-lhe que, caso ficasse, iriam mostrar-lhe as Montanhas Aprazíveis, que, de acordo com eles, lhe animariam ainda mais, pois estavam mais próximas do tão desejado lugar do que da casa onde ele se encontrava agora – e, por isso, ele aceitou o convite e pernoitou mais uma noite. Quando o sol já terminara de nascer, levaram-no até o alto da casa e pediram-lhe que olhasse para o sul; ao fazê-lo, avistou, a grande distância, a mais bela região montanhosa que já vira, embelezada com matas, vinhedos, frutas e flores de todas as espécies, riachos e fontes – tudo muito agradável ao olhar [Is 33,16-17]. Perguntou, então, o nome daquele lugar. Responderam-lhe que se tratava da Terra de Emanuel, região de livre acesso a todos os peregrinos, exatamente como acontecia com a encosta onde estavam. E que, quando lá chegasse, ele poderia ver o portão da Cidade Celestial, que lhe seria indicado pelos pastores que moravam ali.

CAPÍTULO IX

Cristão entra no Vale da Humilhação, onde é ferozmente atacado por Apolion, mas termina vencedor.

Lembrou-se, então, de que era hora de partir, e todos concordaram. — Mas antes — disseram-lhe — vamos voltar à sala de armas. — E assim fizeram. Lá chegando, equiparam-no dos pés à cabeça, com tudo que havia de mais resistente, para o caso de ter de enfrentar ataques no caminho. E, assim paramentado, ele caminhou com seus amigos até o portão, perguntando ao porteiro se vira outro peregrino passar por ali, ao que o porteiro respondeu afirmativamente.

— E você por acaso o conhecia? — quis saber Cristão.

— Perguntei seu nome, e ele me disse que se chamava Fiel.

— Ah, — disse Cristão — eu o conheço. É da minha cidade, um vizinho meu. Vem do mesmo lugar onde nasci. Quão longe acredita que já tenha ido?

— A esta altura, já deve ter descido a encosta.

— Bem, — retrucou Cristão — meu bom porteiro, que o Senhor esteja com você, e que Ele só faça acrescentar às suas bênçãos, pela bondade que me mostrou.

E começou a avançar, mas Discrição, Piedade, Caridade e Prudência quiseram acompanhá-lo até a base da encosta. E foram todos caminhando juntos, relembrando as conversas que tiveram, até chegar ao fim da descida. Cristão, então, tomou a palavra: — Assim como foi difícil subir, até onde posso avistar, vejo que é perigoso descer. — Sim, — disse Prudência — assim é, pois é duro para qualquer homem descer até o Vale da Humilhação, como você começa a fazer, sem escorregar pelo caminho. — Portanto — disseram todas em uníssono — vamos acompanhá-lo até lá. — E ele principiou a descida, com muito cuidado e, ainda assim, chegou a escorregar uma ou duas vezes.

Vi então, em meu sonho, que essas boas companheiras, assim que Cristão chegou ao sopé da encosta, ofereceram-lhe um filão de pão, uma garrafa de vinho e um cacho de passas, e ele seguiu caminho.

Mas agora, no tal Vale da Humilhação, o caminho se tornou bastante difícil para o pobre Cristão, já que, mesmo tendo andado muito pouco, ele avistou um asqueroso demônio vindo em sua direção através dos campos, cujo nome era Apolion. Tomado pelo medo, Cristão ficou sem saber se deveria voltar ou continuar. Lembrou-se de que não trajava armadura, e se deu conta de que, se lhe virasse as costas, talvez desse ao demônio a vantagem de feri-lo com seus dardos. E, por isso, Cristão resolveu arriscar-se e manter-se firme onde estava, pois, pensou ele, mesmo que apenas quisesse salvar a própria pele, o melhor a fazer seria enfrentá-lo.

E, assim, avançou, aproximando-se de Apolion. Ora, o monstro tinha uma aparência hedionda. Era todo recoberto de escamas, como um peixe – e tais escamas eram seu orgulho –, tinha asas iguais à de um dragão, patas de urso, do ventre lhe saíam fogo e fumaça, e sua boca era como a de um leão. Assim que alcançou Cristão, fitou-o com um olhar de desdém e, imediatamente, começou a interrogá-lo:

— De onde você vem e para onde vai?

— Venho da Cidade da Destruição, lugar de todo o mal, e caminho rumo à Cidade de Sião.

— Vejo então que você é um de meus súditos, pois aquelas terras todas são minhas, e sou príncipe e deus delas. Como pode fugir de seu rei? Não fosse a minha esperança de que ainda possa me servir, agora mesmo eu o teria levado ao chão com um só golpe.

— Realmente, nasci em seus domínios, mas seu serviço era duro, e seu salário, insuficiente para a sobrevivência do homem, "pois a paga do pecado é a morte [Rm 6,23]". Por isso, ao alcançar a maturidade, fiz como outras pessoas sensatas fazem, procurando uma forma de conseguir emendar-me.

— Nenhum príncipe perde assim tão fácil seus súditos, e eu tampouco pretendo perdê-lo. Mas já que está reclamando do seu serviço e da sua paga, pode voltar sem nenhuma preocupação. Prometo dar-lhe tudo o que há de melhor em sua terra.

— Mas já me entreguei a um outro, ao Rei dos príncipes. Como poderia, de forma justa, voltar em sua companhia?

— Quanto a isso, como diz o ditado, "você saiu da frigideira para cair no fogo". Mas é comum, dentre aqueles que professam ser Seus servos, haver deserções depois de certo tempo, já que logo voltam para mim. Se fizer o mesmo, tudo ficará bem.

— Mas já entreguei minha fé a Ele, e a Ele jurei fidelidade, como poderia voltar atrás sem ser enforcado por traição?

— Você fez o mesmo comigo, e, ainda assim, estou disposto a esquecer de tudo se voltar por onde veio.

— O que lhe havia prometido, no entanto, era fruto de minha imaturidade, e, além disso, tenho em conta o fato de que o Príncipe cujo estandarte agora defendo há de me absolver e, também, perdoar tudo o que fiz quando me submetia a você. Além disso, assolador Apolion, para lhe dizer a verdade, gosto de servi-Lo, da paga que Ele me oferece, de Seus outros servos, do Seu governo, Sua companhia e Sua terra, muito mais do que gosto do que você tem a me oferecer. Por isso, desista de tentar me persuadir. Sou servo Dele, e vou continuar a segui-Lo.

— Pense novamente, com frieza, no que há de encontrar nesse caminho que está seguindo. Você sabe que, em sua maioria, os servos dele têm um fim pesaroso, pois não passam de transgressores contra mim e meus métodos. Quantos deles não foram sujeitos a uma morte vergonhosa! Além disso, você acha que servi-Lo é melhor do que servir a mim, mesmo tendo Ele jamais saído do lugar de onde está para libertar das nossas mãos qualquer um dos que Lhe tenham servido? Ao passo que eu, no entanto, como todo mundo bem o sabe, quantas vezes não libertei das garras Dele, por força ou astúcia, aqueles que me serviram fielmente? Da mesma forma, hei de libertar você.

— O fato de Ele não os ter libertado é proposital, para testar seu amor, para ver se haverão de se manter fiéis até o fim. E, quanto ao triste destino que você diz lhes estar reservado, ele lhes trará muitas glórias, já que não esperam libertação no presente, mas aguardam a bênção que há de vir e certamente a terão quando o seu Príncipe aparecer em toda a Sua glória, junto aos anjos.

— Você já Lhe foi infiel em seu serviço. Como então espera receber Dele sua paga?

— E como, Apolion, fui-Lhe infiel?

— Você chegou a desmaiar logo no início de sua jornada, quando quase se afogou no Lamaçal do Desânimo. Tentou tomar caminhos errados para se livrar de seu fardo, quando deveria tê-lo suportado até que seu Príncipe lhe aliviasse a carga; incorreu no pecado de dormir e perder seu tesouro; e, diante dos leões, quase se convenceu a voltar atrás. Além disso, ao falar de sua jornada e do que viu e ouviu, intimamente deseja vanglória por tudo o que fez ou disse.

— Tudo isso é verdade, e muito mais coisas que não mencionou, mas o Príncipe a quem sirvo e venero é misericordioso, estando sempre pronto a perdoar. Além do mais, essas fraquezas já me possuíam em sua terra, pois foi lá que as contraí; sob seu jugo, tenho suspirado, lamentado, e continuo a obter o perdão do meu Príncipe.

Apolion, então, irrompeu em uma fúria excruciante e disse: — Sou inimigo desse Príncipe. Odeio sua pessoa, suas leis e seu povo. Vim até aqui com o único propósito de detê-lo.

— Apolion, cuidado com o que faz, já que me encontro na estrada do Rei, o caminho da santidade. Por isso, trate de se conter.

Ao ouvir Cristão, Apolion, agigantando-se, ocupou toda a extensão do caminho, de um lado ao outro, e disse: — Não tenho nenhum medo quanto a isso. Prepare-se para morrer, pois juro, por meu antro infernal, que você não há de seguir adiante. Neste mesmo lugar, arrebatarei sua alma.

E, dizendo isso, atirou um dardo flamejante contra seu peito. Cristão, no entanto, defendeu-se com o escudo que trazia no braço, impedindo qualquer perigo.

Em seguida, Cristão avançou, ao ver que era o momento de atacar. Apolion imediatamente fez o mesmo, lançando dardos aos montes sobre ele. Mesmo fazendo de tudo para se esquivar, Cristão acabou se ferindo na cabeça, na mão e no pé, e tais ferimentos fizeram com que ele recuasse. Aproveitando-se disso, Apolion continuou a atacar, e Cristão tomou novo impulso, criando coragem para resistir-lhe tão energicamente quanto possível. Esse terrível combate perdurou por metade de um dia, até Cristão ficar quase completamente exausto, já que – e, nesse ponto, o leitor há de concordar comigo –, em virtude de seus ferimentos, ele ficava cada vez mais fraco.

Apolion, então, percebendo a oportunidade que se configurava, tentou aproximar-se ainda mais de Cristão e, em uma luta corpo a corpo, jogou-o violentamente no chão, fazendo com que sua espada voasse longe. — Agora, vou matá-lo — disse em seguida Apolion, sufocando-o até quase a morte, fazendo com que Cristão começasse a temer por sua vida. Mas, quando o demônio se preparava para o golpe fatal, para enfim trucidar aquele bom homem, Cristão estendeu a mão até sua espada, agarrando-a, e exclamou: — "Não se regozije com minha desgraça, ó inimigo meu! Mesmo caído, hei de me levantar [Mq 7,8]!". — E, logo em seguida, desferiu-lhe um golpe impiedoso, fazendo o outro recuar, como alguém ferido mortalmente. Cristão, percebendo tal coisa, atacou-o novamente, bradando: — "Mas em todas estas coisas somos mais que vencedores, por meio Daquele que nos amou [Rm 8,37]". — Assim, Apolion abriu suas asas de dragão e afastou-se sem demora, e Cristão não o viu mais [Tg 4,7].

Durante esse combate, homem nenhum jamais poderia imaginar – a menos que tivesse ele mesmo visto e ouvido como eu – a maneira horrível com que Apolion berrava e rugia durante toda a luta: ele falava como um verdadeiro dragão, e, do lado oposto, suspiros e gemidos irrompiam do peito de Cristão. Durante todo o tempo, não cheguei a perceber nem ao menos uma mirada prazerosa por parte de Cristão, até que ele percebesse ter ferido Apolion com sua espada de dois gumes. Nesse instante, por fim, ele sorriu e ergueu os olhos, fitando a visão mais apavorante que eu mesmo já tinha visto.

E então, terminada a batalha, Cristão falou: — "Aqui e agora dou graças Àquele que me libertou da boca do leão, pois foi Ele que me ajudou nesta luta contra Apolion". — E acrescentou:

O grande Belzebu, capitão deste demônio,
Tramou minha ruína, e para este fim bisonho,
Equipado enviou-o, e ele, em sua fúria infernal,
Atacou-me sem cessar, com ferocidade passional.
Mas o abençoado Miguel veio me ajudar,
E com minha espada pude então contra-atacar.
E assim devo dar-lhe meu eterno louvor,
E bendizer seu santo nome com fervor.

Diante dele, então, surgiu uma mão com algumas folhas da árvore da vida. Cristão tomou-as e, com elas, tratou dos ferimentos que sofrera na batalha, sendo curado de imediato. Em seguida, sentou-se onde estava para comer e beber o pão e o vinho que havia recebido pouco tempo antes e, já revigorado, retomou sua jornada, com a espada à mão, dizendo: — Não sei se haverei de encontrar outro inimigo logo mais. — Mas não sofreu nenhum outro ataque de Apolion naquela região.

Ora, no fim daquele vale, havia outro, chamado Vale da Sombra da Morte, e Cristão também precisaria percorrê-lo, pois o caminho até a Cidade Celestial o atravessava. Esse vale é um lugar bastante desolado. O profeta Jeremias assim o descreve: — "Uma vastidão, uma terra árida e cheia de covas, uma terra de seca e de trevas, uma terra onde ninguém há de passar" – além de um Cristão – "e onde ninguém há de viver [Jr 2,6]".

E é justamente ali que Cristão vai sofrer uma provação pior do que a que sofrera em sua batalha contra Apolion, como o leitor verá na sequência.

CAPÍTULO X

Cristão aflige-se no Vale da Sombra da Morte, atravessando-o, no entanto, ileso.

Vi então, em meu sonho, que, ao chegar ao limite da Sombra da Morte, Cristão encontrou ali dois homens, filhos daqueles que haviam relatado de forma negativa a boa terra [Nm 13,31], apressando-se em voltar e, falou-lhe como segue:

— Para onde estão indo?

Ao que os dois homens responderam: — Estamos voltando! Estamos voltando! E achamos que deveria fazer o mesmo, se a vida ou a paz tem algum valor para você.

— Ora, mas qual é o problema? — perguntou-lhes Cristão.

— Problema? — retrucaram ambos. — Estávamos seguindo pelo mesmo caminho que você e fomos até onde ousamos fazê-lo. Na verdade, quase não pudemos voltar, pois, se tivéssemos avançado um pouco mais, não estaríamos aqui para lhe trazer tais notícias.

— Mas o que encontraram?

— Ora, estávamos chegando ao Vale da Sombra da Morte e, por sorte, ao olhar adiante, avistamos o perigo que haveríamos de correr antes mesmo de ter de enfrentá-lo [Sl 44,19; 107,10].

— Mas o que viram?

— O que vimos? O vale em si, que é escuro como o breu. E vimos também os diabretes, sátiros e dragões do abismo. E ouvimos um uivar e berrar contínuo vindo de lá de dentro, como se ali houvesse gente sob um sofrimento inenarrável, vivendo em meio a agonia e grilhões. E, por sobre o tal vale, pairam as desanimadoras nuvens da confusão. A morte também abre suas asas sobre ele. Em suma, por toda parte só se vê pavor e completo caos [Jó 3,5; 10,22].

— Então, — disse Cristão — em razão de tudo o que me disseram, acredito ser esse o meu caminho rumo ao desejado refúgio [Jr 2,6].

— Que seja então o seu caminho, pois não o haveremos de escolher para nós.

E, assim, separaram-se. Cristão seguiu seu caminho, ainda com a espada à mão, com medo de ser novamente atacado.

Vi então, em meu sonho, que, até onde se estendia o vale, via-se um fosso bastante profundo à direita, a vala para onde os cegos conduzem os cegos em eras incontáveis, perecendo todos miseravelmente [Sl 69,14-15]. E eis que, à esquerda, avistava-se um charco extremamente perigoso, em que qualquer homem que caísse – mesmo um homem correto – não haveria de achar o fundo para se apoiar. Foi nesse pântano que o próprio rei Davi caiu certa vez e, sem sombra de dúvida, teria ali se afogado, não houvesse sido resgatado por ELE, o Todo-Poderoso.

Também ali o caminho era extremamente estreito, e, por isso, o bom Cristão haveria, mais do que nunca, de ater-se a ele, já que, ao tentar se esquivar do fosso em meio às trevas por um lado, ele quase tropeçava no charco do lado oposto e, ao procurar escapar do charco, se não tomasse cuidado, certamente cairia no fosso. E assim seguiu, e ouvi-o nesse momento suspirar com certo amargor, pois além dos perigos mencionados acima, a trilha era naquele ponto tão escura que muitas vezes, ao erguer o pé para dar um passo à frente, não tinha ideia de onde, ou sobre o quê, haveria de pisar.

Por volta da metade do vale, percebi tratar-se da própria boca do inferno, com as laterais igualmente demoníacas. Então, Cristão disse para si mesmo: — Que haverei de fazer? — E, sem cessar, as labaredas e a fumaça brotavam do abismo em abundância, com centelhas e sons hediondos – coisas que não eram afetadas pela espada de Cristão, ao contrário do que ocorrera com Apolion –, de tal forma que ele se viu forçado a embainhar a espada e contar com outra arma, chamada Toda a Oração [Ef 6,18]. Em seguida, ele clamou, e seu clamor chegou aos meus ouvidos: — "Ó Senhor, suplico-Lhe, livrai a minha alma [Sl 116,4]!". — E assim avançou por algum tempo, mesmo com as chamas aproximando-se dele cada vez mais. Também ouvia vozes ressentidas e afobação de um lado para o outro, tanto que, por vezes, chegou a pensar que seria retalhado ou pisoteado como a terra que se encontra nas ruas. Presenciou essa cena apavorante e ouviu esses terríveis sons por quilômetros a fio e, ao chegar a um lugar onde pensou ter escutado um grupo de demônios vindo em sua direção, parou e começou a cogitar o melhor a fazer. Às vezes, chegava a considerar voltar atrás; logo depois, imaginava que já devia estar a meio caminho do fim do vale; lembrava-se, também, de já ter derrotado inúmeros perigos e que o risco de voltar atrás talvez fosse muito maior do que o de avançar, e decidiu-se, por isso, a prosseguir. Ainda assim, os demônios pareciam se aproximar cada vez mais; mas, quando já estavam quase sobre ele, clamou, com voz bastante extasiada: — "Caminharei na força do Senhor Deus!" — e eles recuaram, não se aproximando mais.

 Há algo de que não quero me esquecer. Percebi, então, que Cristão se achava tão confuso que nem sequer reconhecia a própria voz – e foi por isso que notei o que desejo compartilhar. Justamente quando chegava diante da boca do abismo ardente, um dos seres malignos chegou atrás dele, aproximando-se muito sutilmente, e sugeriu-lhe aos sussurros inúmeras blasfêmias muito sérias, que ele na verdade julgou terem vindo de seus próprios pensamentos. Aquilo perturbou Cristão muito mais do que tudo que enfrentara até ali, a ponto de pensar que deveria blasfemar contra Aquele que tanto amara até então. Se, no entanto, pudesse evitá-lo, não o faria, mas não conseguiu ter equilíbrio o bastante nem para tapar os ouvidos nem para perceber de onde vinham aquelas heresias.

 Depois de ter viajado por um tempo considerável naquela situação inconsolável, pensou ouvir a voz de um homem diante dele, que dizia: — "Embora ande através do Vale da Sombra da Morte, não haverei de temer mal nenhum, pois estais comigo [Sl 23,4]".

 E animou-se, então, pelas razões seguintes: primeiro, porque deduziu do que acabara de ouvir que outros tementes a Deus também se encontravam naquele vale, tal como ele; segundo, porque sentia que Deus estava com eles, mesmo naquela situação sombria e desanimadora – e por que, pensou, Ele não haveria de estar comigo, embora eu não O perceba, por conta dos obstáculos que abundam neste lugar [Jó 9,11]?; terceiro, porque esperava, se viesse a alcançá-lo, ter companhia muito em breve. E assim prosseguiu, chamando aquele que chegara antes dele, mesmo que o outro não pudesse responder, pois também se julgava só naquele lugar. Por fim, raiou o dia, e Cristão disse: — Ele tornou "a sombra da morte em manhã [Am 5,8]".

Tendo chegado a alvorada, olhou para trás – não por conta de um desejo de retornar, mas para ver à luz do dia os perigos que enfrentara sob as trevas. Viu, assim, com mais nitidez, o fosso, de um lado, e o charco, do outro; viu também como era estreito o caminho que passava entre os dois; avistou ainda os diabretes, sátiros e dragões do abismo, mas todos distantes – já que, depois do raiar do sol, eles não mais se aproximavam, mesmo que tivessem se revelado a ele, de acordo com o que está escrito: "Ele descobriu coisas profundas das trevas e trouxe à luz as sombras da morte [Jó 12,22]".

Cristão, agora, via-se bastante impressionado por se ter livrado de todos os perigos de seu solitário caminho, perigos que agora via com clareza – mesmo que os tivesse temido muito antes –, já que a luz do dia os tornava evidentes para si. Mais ou menos àquela hora o sol já havia nascido, e essa era outra graça ofertada a Cristão, pois o leitor deve agora notar que, embora a primeira parte do Vale da Sombra da Morte fosse perigosa, a segunda – que lhe aparecia à frente – era-o muito mais, se é que isso era possível. Desde o lugar onde estava então até o final do vale, o caminho era tão cheio de ciladas, armadilhas, ardis e redes de um lado, e tão repleto de abismos, emboscadas, buracos profundos e desfiladeiros do outro que, caso continuasse tão escuro quanto na primeira parte do percurso, mesmo que ele tivesse mil armas, todas elas certamente seriam inúteis. Mas, como acabava de dizer, o sol já tinha nascido, e Cristão, então, disse: — "Sua vela brilhou sobre minha cabeça, e com Sua luz eu ando em meio às trevas [Jó 29,3]".

Foi sob essa luz, portanto, que ele chegou ao fim do vale. Agora, eu via, em meu sonho, que, nesse ponto, espalhavam-se pelo chão sangue, ossos, cinzas e corpos lacerados de homens, de peregrinos que por ali haviam passado anteriormente; e, enquanto eu pensava em qual seria a razão de tudo aquilo, avistei perto de mim uma caverna, onde dois gigantes, PAPA e PAGÃO, haviam residido no passado. E fora pelo poder e pela tirania desses gigantes que ali jaziam o sangue, os ossos e as cinzas dos homens que acabaram cruelmente mortos por eles. Por esse lugar, no entanto, Cristão passou sem correr grande perigo, o que me deixou um tanto quanto surpreso. No entanto, soube depois que PAGÃO havia morrido muito tempo antes, e o outro – embora ainda vivesse –, por conta de sua idade e também dos combates acirrados que enfrentara quando jovem, estava tão louco e com as juntas tão enrijecidas que, agora, não podia fazer muito mais além de se sentar à entrada da caverna, sorrindo para os peregrinos que passavam e roendo as unhas por não poder atacá-los.

Vi, então, que Cristão seguia o seu caminho, embora não soubesse o que pensar ao ver o Ancião sentado à entrada da caverna, já que ele, mesmo sem poder alcançá-lo, disse-lhe o seguinte: — "Nunca vão se emendar até que queimemos mais de vocês". — Mas Cristão manteve-se calado e com o semblante sereno, e continuou ileso em seu caminho. E, então, cantou:

Ó, mundo de maravilhas! Nada mais posso dizer,
Poderia nas angústias que aqui achei permanecer?
Por isso rogo que abençoada seja
A mão que me livrar de tudo enseja!
Os perigos das trevas, demônios, inferno e pecado
Envolveram-me, e neste vale fui cercado.
Ardis, ciladas e abismos abundam no caminho,
E eu, tolo e inútil, avançando sozinho,
Poderia ter sido pego, enredado, capturado,
Mas porque vivo, seja Jesus então coroado.

CAPÍTULO XI

Cristão encontra um excelente companheiro na fé, com quem tem uma conversa muito proveitosa.

Cristão, agora, continuava a seguir seu caminho, tendo alcançado uma pequena subida, posta propositalmente ali para que os peregrinos pudessem enxergar o que os aguardava mais adiante. Ali ele subiu e, olhando para frente, avistou Fiel a certa distância, e gritou: — Ei! Ei! Espere aí, serei sua companhia! — Ao ouvi-lo, Fiel olhou para trás, e Cristão gritou novamente: — Fique onde está, até que eu o alcance! — Mas Fiel lhe respondeu: — Não, minha vida corre perigo, e o vingador sanguinário está atrás de mim.

Cristão comoveu-se com o relato do vizinho e, esforçando-se ao máximo, alcançou-o sem demora, e chegou até mesmo a ultrapassá-lo, do modo que o último tornou-se o primeiro. Riu-se cheio de vanglória por ter tomado a dianteira de seu irmão, mas, por não ver onde pisava, subitamente tropeçou e caiu, sem conseguir se levantar até que Fiel viesse em seu auxílio.

Vi em seguida, no sonho, que ambos seguiram juntos, com muito afeto um pelo outro, e conversando, animados, sobre tudo o que lhes acontecera durante sua peregrinação. Cristão assim começou a conversa:

— Meu honrado e amado irmão Fiel, fico feliz por tê-lo alcançado e por Deus ter abrandado de tal modo nosso espírito que podemos seguir como companheiros por esse caminho tão aprazível.

— Havia pensado, meu caro amigo, que teria a sua companhia desde a saída de nossa cidade, mas, na verdade, você partiu antes de mim e, por isso, vi-me forçado a percorrer todo esse trecho sozinho.

— Quanto tempo você ficou na Cidade da Destruição antes de sair atrás de mim em peregrinação?

— Até não aguentar mais esperar, porque, depois da sua partida, na nossa cidade só se falava que ela, em breve, seria arrasada pelo fogo vindo do céu.

— O quê? Eram seus vizinhos que falavam a esse respeito?

— Sim, e por algum tempo era só disso que se falava.

— Ora, e ninguém além de você saiu para fugir do perigo?

— Embora, como disse, falassem muito sobre o assunto, não acho que acreditassem realmente nisso, já que, no calor da discussão, cheguei a ouvir algumas pessoas zombarem de você e da sua viagem desesperada – era assim que chamavam a sua peregrinação. Eu acreditei, e ainda acredito, que o fim da nossa cidade será com fogo e enxofre das alturas e, por isso, também resolvi fugir.

— Não ouviu nada sobre o meu vizinho Volúvel?

— Ouvi, sim, Cristão. Ouvi dizer que ele seguiu você até o Lamaçal do Desânimo, onde, segundo disseram, acabou caindo. Só que ele não queria que soubessem que isso havia acontecido. Tenho certeza de que ele ficou completamente encardido com aquela sujeira toda.

— E o que os vizinhos disseram a ele?

— Desde que voltou, ele se tornou alvo de muita zombaria, vinda de todo tipo de gente. Há quem ainda escarneça dele e o despreze, e há poucos que lhe ofereçam trabalho. Hoje em dia, ele está sete vezes pior do que se jamais tivesse saído da cidade.

— Mas por que todos se viraram contra ele, se também desprezam o caminho que ele abandonou?

— Ah, eles vivem dizendo: "Enforquem-no. Ele é um vira-casaca! Ele não foi fiel às suas declarações!". Acho que Deus chegou até mesmo a incitar seus inimigos a vaiá-lo e fazer dele um exemplo, por ter abandonado o caminho [Jr 29,18-19].

— Você não conversou com ele antes de partir?

— Encontrei-o uma vez na rua, mas ele me lançou um olhar esquivo na calçada oposta, como alguém com vergonha do que fez. Por isso, não cheguei a falar com ele.

— Bom, assim que parti, tinha esperanças no homem, mas agora temo que ele vá perecer na destruição da cidade, pois aconteceu com ele conforme o sábio provérbio: "O cão voltou novamente ao seu próprio vômito; e a porca lavada voltou a revolver-se no lamaçal [II Pd 2,22]".

— Esses também são meus temores em relação a ele. Mas quem há de evitar o que deve acontecer?

— Ora, meu vizinho Fiel, é melhor deixá-lo sozinho e falar de coisas mais urgentes para nós. Diga-me, então, o que chegou a encontrar no caminho até aqui? Sei que deparou com algumas coisas, pois seria realmente uma maravilha se isso não tivesse ocorrido.

— Escapei do lamaçal por ter visto você cair ali e cheguei à porta sem perigo, a não ser o fato de ter encontrado uma mulher, de nome Libertina, que tentou me enganar de alguma forma.

— Que bom que escapou de suas garras. José sofreu bastante nas mãos dela, mas conseguiu escapar como você, mesmo que isso tenha lhe custado a vida [Gn 39,11-13]. Mas o que ela lhe fez?

— Você não é capaz de imaginar, a não ser que já tenha ouvido a respeito, como a língua dela é aduladora; ela insistiu bastante para que eu a acompanhasse, prometendo-me todo tipo de coisa.

— Ah, mas com certeza não lhe prometeu algo que lhe trouxesse a consciência tranquila.

— Você sabe do que estou falando, referia-me a todo tipo de prazer carnal e mundano.

— Graças a Deus você escapou dela. "Os odiosos aos olhos do Senhor cairão na sua vala [Sl 22,14]."

— Mas não sei se escapei totalmente dela ou não.

— Ora, tenho certeza de que não cedeu aos seus desejos.

— Não, eu não me corrompi, já que me lembrei de um texto antigo que havia lido, que diz: "Seus pés se encaminham para a morte [Pr 5,5]". E, então, fechei os olhos, porque não queria ser enfeitiçado por seus olhares [Jó 31,1]. Ela, por conta disso, passou a me insultar, e eu segui meu caminho.

— E não sofreu mais nenhum outro ataque no percurso?

— Quando cheguei à base do desfiladeiro que chamam de Dificuldade, encontrei um homem muito idoso que me perguntou quem eu era e para onde ia. Disse-lhe que era um peregrino cujo destino era a Cidade Celestial. Então, disse-me ele: "Você parece ser honesto. Por acaso não se disporia a me fazer companhia em minha casa, em troca de um salário?". Perguntei, então, seu nome e onde ele morava. Disse-me que se chamava Adão, o Primeiro, e que morava na cidade da Decepção [Ef 4,22]. Perguntei-lhe, então, em que consistia seu trabalho e que montante me pagaria como salário. Respondeu que trabalhava em meio a muitos prazeres e que, como paga, eu seria por fim seu herdeiro. Continuei com minhas perguntas, e quis saber em que tipo de casa ele morava e que outros servos ele possuía. Respondeu, então, que na sua casa havia todas as iguarias do mundo e que seus servos consistiam naqueles que ele havia gerado. Em seguida, pedi que me dissesse quantos filhos tinha. Disse-me que tinha apenas três filhas: a *Concupiscência da Carne*, a *Concupiscência dos Olhos* e a *Soberba da Vida*, e que eu poderia me casar com as três, se quisesse [I Jo 2,16]. Perguntei-lhe, finalmente: "Por quanto tempo gostaria que eu morasse com você?". Ao que ele respondeu: "Pelo tempo que eu mesmo viver".

— Bem, e a que conclusão chegaram você e o velho, afinal? — perguntou Cristão.

— Ora, de início, até me senti um pouco disposto a acompanhar o homem, porque achei que ele falava belas palavras, mas, ao olhar bem para a sua testa enquanto conversávamos, vi que ali haviam escrito a seguinte frase: "Afaste-se do velho homem com os seus vícios".

— E então?

— Então começou a arder em minha mente a ideia de que, apesar de tudo o que havia dito, e por mais que me bajulasse, assim que eu fosse morar em sua casa ele me venderia como escravo. Por isso, pedi que parasse de falar comigo, pois não chegaria nem perto da porta de sua casa. E, em seguida, ele começou a me insultar e a dizer que enviaria alguém atrás de mim que tornaria todo o caminho amargo para a minha alma. Então, virei-lhe as costas para me afastar, mas, ao fazê-lo, senti-me ser agarrado, com um puxão tão forte que pensei ter sido arrancado um pedaço de mim. E isso me fez clamar: "Ó, homem miserável [Rm 7,24]!". E voltei a subir a encosta, voltando ao meu caminho.

— Quando já havia chegado à metade do desfiladeiro, — continuou Fiel — olhei para trás e avistei alguém em meu encalço, ligeiro como o vento. Ele me alcançou exatamente no pergolado onde se encontra um banco para se sentar.

— Foi bem aí — retrucou Cristão — onde eu me sentei para descansar, e onde o sono me venceu, fazendo-me perder este pergaminho que trago junto ao peito.

— Mas, meu bom irmão, continue a me ouvir. Assim que o homem me alcançou, nem chegou a me dizer nada, pois simplesmente me derrubou no chão, e caí como morto. Quando ainda estava voltando a mim, perguntei-lhe o porquê de ter feito aquilo. Ele me disse que o fizera por conta de minha secreta simpatia por Adão, o Primeiro, e desferiu-me outro golpe fortíssimo no peito ao dizer tal coisa, fazendo-me cair de costas dessa vez, tão inconsciente quanto da primeira. Ao recuperar os sentidos, implorei por misericórdia. Ele, no entanto, disse: "Não sei o que é misericórdia". E acertou-me mais uma vez. Sem dúvida, ele iria acabar comigo, mas um certo alguém chegou e ordenou-lhe que parasse.

— Quem foi que mandou que ele parasse?

— Não o reconheci de início, mas, quando o vi se aproximar, notei as cicatrizes em suas mãos e no seu flanco, e concluí que se tratava do nosso Senhor. E, então, terminei de subir a encosta.

— O homem que o atacou era Moisés. Ele não poupa ninguém, tampouco sabe como ser misericordioso para com aqueles que transgridem a lei dele.

— Sei bem. Não foi a primeira vez que nos encontramos. Foi ele quem me procurou, quando eu ainda morava na segurança do meu lar, e me disse que queimaria o teto sobre a minha cabeça se eu lá permanecesse.

— Mas você não chegou a ver a casa que fica lá no alto da encosta, do mesmo lado em que Moisés o alcançou?

— Sim, e vi também os leões, antes de lá chegar. Quanto às feras, acredito que estavam dormindo, pois era por volta do meio-dia, e, já que tinha ainda boa parte da jornada pela frente, passei pelo porteiro e desci o outro lado da encosta.

— Ele de fato me disse que o viu passar, e gostaria que você tivesse visitado a casa, pois eles lhe teriam mostrado tantas raridades que você provavelmente se lembraria delas até o dia da sua morte. Mas me diga uma coisa: você chegou a encontrar alguém no Vale da Humildade?

— Sim, encontrei um certo Descontente, que queria me convencer a voltar com ele, dizendo que o vale, no geral, era um lugar completamente desprovido de honra. Disse-me, além disso, que passar por ali era o mesmo que desobedecer a todos os meus amigos: Orgulho, Arrogância, Presunção, Glória Mundana e muitos outros, gente que, de acordo com ele, ficaria muito ofendida se eu fosse estúpido o bastante a ponto de atravessar aquele lugar.

— Ora, e o que você lhe respondeu?

— Disse-lhe que, embora todos aqueles que ele havia mencionado pudessem alegar qualquer parentesco comigo – e com razão, pois, de fato, eram meus parentes segundo a carne –, todos eles haviam me rejeitado desde que eu me tornara um peregrino, assim como eu a eles, e, por isso, era para mim como se jamais tivéssemos compartilhado o mesmo sangue. Disse-lhe ainda, em relação ao vale, que ele havia pintado um quadro completamente enganoso do lugar, pois à frente da honra está a humildade, e o espírito altivo precede a queda. E, assim, continuei, e disse-lhe que preferia atravessar o vale rumo à honra que tanto valor tinha para os mais sábios a escolher aquilo que ele estimava mais digno de nossas afeições.

— E você não encontrou mais nada naquele vale?

— Sim, encontrei Vergonha, mas, de todos os homens com que deparei na minha peregrinação, ele, acho eu, não porta o nome correto. Todos os outros chegavam a se conter depois de alguma argumentação ou uma outra coisa qualquer, mas esse tal Vergonha era tão cínico que simplesmente não parava de falar.

— Ora, e o que ele dizia?

— O quê? Argumentava contra a própria religião. Disse-me que era lamentável, desprezível e vil um homem se importar com religião. Falou que uma consciência limpa não era coisa digna de um homem e que vigiar as palavras e as atitudes para se afastar da intimidadora liberdade com que se acostumam os espíritos mais corajosos da época era tornar-se alvo de ridículo. Também discordou de que uns poucos poderosos, ricos ou sábios compartilhassem da minha opinião [I Co 1,26; 3,18; Fl 3,7-8], e disse que nenhum deles o teria feito a não ser que fosse persuadido a agir como tolo [Jo 7,48] e, por pura falta de juízo, arriscasse perder tudo o que tinha por algo que ninguém sabe do que se trata. E ainda ridicularizou o estado baixo e humilhante daqueles que, em sua maioria, eram os peregrinos de seu tempo, e da sua ignorância e falta de compreensão de toda a ciência natural. Sim, foi como me tratou a esse respeito, e disse-me palavras muito semelhantes acerca de várias outras coisas além das que mencionei; que era uma vergonha ficar choramingando e se lamentando diante de um sermão, ou voltar suspirando e gemendo para casa, pedir perdão ao próximo por pequenas faltas, ou mesmo restituir algo que se tirou de alguém. Disse, por fim, que a religião torna o homem estranho aos olhos dos grandes, apenas por conta de uns poucos vícios – que ele nomeou de forma mais distinta –, e faz com que ele honre e respeite aqueles que são mais baixos, por conta da mesma fraternidade religiosa. "E não é também isso uma vergonha?", perguntou-me ele.

— E o que você lhe respondeu? — indagou Cristão.

— O que lhe respondi? Não fui capaz de lhe dizer nada, de início. Ele me deixou tão nervoso que o sangue me subiu ao rosto. É, até mesmo esse Vergonha foi capaz de me fazer tal coisa, chegando a quase me dominar. Mas, finalmente, comecei a considerar que "o que é elevado aos olhos dos homens é abominável aos olhos de Deus [Lc 16,15]". Tornei a refletir e me dei conta de que esse sujeito estava me dizendo o que são os homens, mas não me dizia nada a respeito do que é Deus nem Sua Palavra. Ponderei, ainda, que no dia do juízo não seremos condenados à morte ou à vida conforme os espíritos intimidadores do mundo, mas de acordo com a sabedoria e a lei do Altíssimo. Assim, cheguei à conclusão de que é melhor ouvir o que diz Deus, mesmo que todos os homens do mundo lhe sejam contrários. Vendo, então, que Deus prefere a sua religião e uma consciência limpa, vendo que aqueles que são tidos como loucos pelo reino dos céus são os mais sábios e que o pobre que ama a Cristo é mais rico do que o maior dentre os homens que o odeiam, ordenei que Vergonha partisse, dizendo-lhe: "Você é um inimigo da minha salvação! Deveria eu dar-lhe ouvidos, contra a vontade do meu Senhor soberano? Como então eu poderia olhar nos olhos Dele quando Ele chegasse? Se eu agora me envergonhasse de Seus caminhos e servos, como seria capaz de esperar por Sua bênção [Mc 8,38]?". No entanto, esse tal Vergonha era, na verdade, um vilão bastante ousado. Quase não consegui afastá-lo de mim, porque ele continuava a me assombrar e sussurrava em meus ouvidos continuamente algumas das enfermidades que acometem a religião. Mas, por fim, disse-lhe que estava tentando me convencer em vão, pois nas coisas que ele desdenhava eu via a maior das glórias. E, assim, finalmente, me livrei daquele sujeito inoportuno. Depois de afastá-lo de mim, comecei a cantar:

> *As provações que esses homens têm de passar,*
>
> *Quando, ao chamado celestial, decidem escutar,*
>
> *São numerosas, e à carne consagradas,*
>
> *Voltando, sempre e sempre renovadas;*
>
> *Tanto que, talvez agora, ou talvez mais à frente,*
>
> *Poderemos ser vencidos por inimigo mais potente.*
>
> *Ah, peregrinos, continuem atentos então,*
>
> *E a si mesmos renunciem, pois homens são.*

— Fico feliz, meu irmão, que você tenha resistido a esse vilão de forma tão corajosa, porque, dentre todos – como você mesmo já disse –, acho que o nome dele está incorreto. Ele é ousado a ponto de nos seguir pelas ruas, tentando nos envergonhar diante de todos os homens, mas em relação àquilo que é correto. Não fosse ele tão ousado, nunca tentaria fazer o que faz. Por isso, continuemos resistindo às suas tentativas, já que, independentemente de suas intimidações, ele só é capaz de persuadir os tolos, ninguém mais. "Os sábios herdarão a glória, disse Salomão, mas a vergonha será a exaltação dos tolos [Pr 3,35]."

— Acho que devemos pedir auxílio contra esse tal Vergonha Àquele que nos quer valentes pela verdade na terra.

— Você está certo. E não encontrou mais ninguém naquele vale?

— Não, não encontrei, já tive o sol como companhia durante todo o restante do caminho, e até mesmo quando atravessei o Vale da Sombra da Morte.

— Que bom para você! Para mim as coisas se passaram de uma forma completamente diferente. Logo que entrei naquele vale, travei por um bom tempo um terrível combate contra um demônio hediondo chamado Apolion. E cheguei até mesmo a pensar que ele me mataria, especialmente quando me derrubou no chão e me esmagou com seu corpo, pronto a me fazer em pedaços – já que, quando me atingiu, minha espada voou-me da mão. Ele tinha minha morte como certa. Contudo, clamei a Deus, e Ele me ouviu, livrando-me de todas as minhas aflições. Em seguida, entrei no Vale da Sombra da Morte, sem nenhuma luz durante quase metade do caminho. Pensava todo o tempo que iria morrer ali mas, por fim, o dia surgiu, o sol nasceu, e, então, o resto do caminho ficou muito mais fácil e tranquilo.

CAPÍTULO XII

A figura de um falso mestre exposta com exatidão no personagem do tagarela, filho do sr. Falastrão, da rua do palavrório.

Mais à frente, vi, em meu sonho, que, enquanto os dois caminhavam, Fiel, ao olhar para o lado – já que nesse trecho havia bastante espaço para ambos andarem lado a lado – avistou um homem, de nome Tagarela, não muito distante deles. Era um homem alto e com aparência um tanto melhor a certa distância do que ao se chegar mais perto. Fiel dirigiu-se a ele assim:

— Ei, meu amigo, para onde vai? Para a Terra Celestial?

— Sim, — respondeu Tagarela — é justamente para lá que estou indo.

— Que bom. Então espero contar com sua boa companhia.

— Vou acompanhá-los com muito prazer.

— Venha, então, vamos seguir juntos, aproveitando o tempo para conversar sobre coisas benéficas.

— Conversar sobre coisas boas é muito prazeroso para mim, seja com vocês, seja com qualquer outra pessoa. Fico feliz de ter encontrado gente que gosta desse tipo de coisa, porque, para falar a verdade, há poucas pessoas que usam seu tempo dessa forma – especialmente ao viajar –, já que a maioria prefere falar de coisas vãs, o que tem sido um tormento para mim.

— Certamente é algo lamentável! Há na terra, por acaso, coisas tão dignas do uso da língua e da boca quanto as coisas do Deus dos céus?

— Gosto muito de gente como você, que fala com bastante convicção — retrucou Tagarela. — E, digo mais, o que pode haver de mais agradável e benéfico do que falar das coisas de Deus? E haveria, por acaso, coisas igualmente agradáveis? Isso, claro, se o homem acha algum prazer em coisas maravilhosas. Por exemplo, se o homem se delicia ao falar da história ou do mistério das coisas, ou se adora falar de milagres, prodígios ou sinais, onde haveria de encontrar registro tão encantador, e escrito de forma tão singular, senão nas Escrituras Sagradas?

— Isso é verdade, — concordou Fiel — e desfrutar dessas coisas na nossa conversa é justamente o que queremos.

— Foi o que eu disse, porque falar de tais coisas é muitíssimo benéfico. Ao fazê-lo, o homem pode tomar conhecimento de inúmeras coisas, como da futilidade das coisas da terra e das vantagens das coisas do alto. De uma maneira geral, o homem será capaz, por meio dessas conversas, de ficar sabendo da necessidade de um renascimento, da insuficiência de nossas obras, da necessidade da justiça de Cristo etc. Além disso, — continuou Tagarela — pode ainda aprender o que é arrepender-se, crer, orar e sofrer, e coisas afins. Conversando, pode ainda compreender as grandes promessas e consolações do evangelho, para seu próprio conforto. E, mais, por meio delas o homem será capaz de saber como refutar falsas opiniões, defender a verdade e instruir o ignorante.

— Tudo isso é verdade, e fico feliz em ouvir tais coisas de você.

— Que Deus meu proteja! É justamente pela falta de tais conversas que tão poucos compreendem a necessidade da fé e da obra da graça na sua alma para alcançar a vida eterna. Ignorantes, vivem de acordo com as obras da lei, que os impossibilitam de alçar o reino dos céus.

— Peço-lhe perdão, mas o conhecimento celestial dessas coisas é um presente de Deus. Homem nenhum vai chegar a alcançá-lo por ação humanitária nem apenas por falar dele.

— Sei de tudo isso muito bem, porque o homem não é capaz de receber nada a não ser que lhe seja dado do céu. Tudo provém da graça, não das obras. Poderia citar cem passagens das escrituras que confirmam o que disse.

— Então — retrucou Fiel — em qual assunto devemos concentrar nossa conversa?

— No que você quiser. Por mim, poderíamos falaria de coisas celestiais ou terrenas, coisas morais ou evangélicas, coisas sagradas ou profanas, coisas passadas ou futuras, coisas estrangeiras ou domésticas, coisas mais essenciais ou circunstanciais, contanto que falemos de algo que nos beneficie.

Fiel, então, começou a ficar espantado e, aproximando-se de Cristão – já que, durante todo esse tempo, ele caminhava um pouco mais afastado dos dois, – disse-lhe, baixinho: — Que belo companheiro encontramos! Certamente esse homem há de ser um excelente peregrino.

Ao ouvi-lo, Cristão sorriu com modéstia e disse: — Esse homem que tanto lhe admira há de enganar com sua língua 20 pessoas que não o conheçam.

— E, por acaso, você o conhece?

— Se o conheço? Sim, e melhor do que ele conhece a si mesmo.

— Então, por favor, diga-me de quem se trata.

— Seu nome é Tagarela, e ele morava na nossa cidade. Fico surpreso que você mesmo não o conheça. Talvez seja pelo fato de nossa terra ser tão grande.

— Ele é filho de quem? E onde morava?

— É filho de um certo sr. Falastrão e morava na Rua do Palavrório. Todos os que o conhecem na rua dele chamam-no de Tagarela, e, apesar da sua língua solta, não passa de um coitado.

— Ora, ele me parece um homem bastante digno.

— É o que pensam aqueles que ainda não o conhecem, pois ele parece mais agradável ao longe; de perto, é bastante impertinente. E o fato de você dizer que ele é um homem digno faz com que eu me lembre do que já havia notado na obra do pintor cujos quadros parecem melhores de longe, mas que, de bem perto, são bastante feios.

— Estou achando que você está brincando, pois vejo-o sorrir.

— Deus me livre de brincar com um assunto desses – mesmo que tenha de fato sorrido – ou de acusar alguém falsamente! Vou lhe dizer mais algumas coisas a respeito dele. Esse homem serve como companhia a qualquer um, e gosta de qualquer conversa; assim como conversou agora com você, também há de conversar nas tavernas. Quanto mais bebida tem na cabeça, mais há de falar de qualquer coisa. A religião não tem lugar no coração dele, nem em sua casa, nem em suas conversas. Tudo o que tem jaz na sua língua, e sua única religião é fazer barulho com ela.

— Não me diga! Então estou muito enganado acerca desse homem.

— Enganado, pois sim! Pois pode estar certo do que estou falando. Lembre-se do provérbio: "Eles dizem, mas não o fazem [Mt 23,3]". E o reino de Deus não reside em palavras, mas em Poder [I Co 4,20]. Ele fala de oração, de arrependimento, de fé e de renascimento, mas nada sabe além de falar. Estive com a família dele, observei-o tanto em casa quanto na rua, e sei que o que digo dele é verdade. A casa dele é tão vazia de religião quanto a clara do ovo o é de sabor. Não há ali nem oração nem sinal de arrependimento do pecado. Sim, os brutos, a seu modo, servem a Deus bem melhor do que ele. Ele é a própria mancha, a própria repreensão, a vergonha da religião para todos os que o conhecem. Dificilmente será ouvido um elogio direcionado a ele em toda a região da cidade onde mora [Rm 2,24-25]. Santo na rua, demônio em casa: é assim que as pessoas comuns que o conhecem o definem. Sua pobre família acha a mesma coisa, pois ele é tão bruto, tão reclamão e tão insensato com seus criados que eles nem mesmo sabem como tratá-lo ou falar-lhe. Os homens que têm qualquer tipo de relação com ele dizem que é melhor lidar com os ímpios, já que são mais justos do que ele. Se é que é possível, esse Tagarela é ainda pior do que eles quando se trata de fraudes e enganações. Além disso, ele cria os filhos para que sigam seus passos e, se percebe em qualquer um deles uma tola timidez – é assim que ele chama qualquer sinal de boa índole –, chama-os de ignorantes e cabeças-duras, e não se preocupa nem um pouco em ocupar-se deles nem de elogiá-los na frente dos outros. Quanto a mim, acredito que ele, por conta de sua vida perversa, já tenha feito muitos tropeçarem e caírem, e, se Deus não o impedir, ainda há de destruir muitos outros.

— Pois bem, meu irmão: sou obrigado a acreditar em você, não só por dizer que o conhece, mas também porque é como cristão que retrata as pessoas. Não posso crer que diga tais coisas por mal, mas apenas por se tratar da mais pura verdade.

— Se não o conhecesse mais do que você, talvez tivesse, de início, a mesma impressão a respeito dele que você teve. Sim, e se esse retrato fosse reportado simplesmente por inimigos da religião, consideraria calúnia – algo que muitas vezes os ímpios fazem ao nome e à profissão dos bons homens. Mas, por tudo isso, e ainda por muitas outras coisas igualmente ruins, posso provar que ele é culpado, pois as testemunhei diretamente. Além disso, os homens bons envergonham-se dele. Não podem chamá-lo de irmão, tampouco de amigo; a simples menção de seu nome entre os bons que o conhecem faz com que enrubesçam.

— Bom, estou vendo que *dizer* e *fazer* são duas coisas distintas, e, de agora em diante, é melhor que eu perceba essa diferença.

— São duas coisas distintas, é verdade, e tão diversas quanto a alma e o corpo, já que, tanto quanto um corpo sem alma não passa de uma carcaça morta, também o falar vazio nada mais é do que invólucro desabitado. A alma da religião é a prática: "A religião pura e imaculada, diante de Deus, nosso Pai, é esta: cuidar dos órfãos e das viúvas em sua aflição, mantendo-se sem as máculas do mundo [Tg 1, 27]". Tagarela não tem consciência disso e acredita que ouvir e falar faz um bom cristão, enganando, assim, a própria alma. Ouvir é apenas a semeadura, não basta falar para provar que o fruto já está de fato no coração e na vida. Devemos nos assegurar de que, no dia do juízo final, os homens serão julgados segundo os seus frutos [Mt 13,25]. Não lhes perguntarão "Vocês creram?", mas "Vocês praticaram ou simplesmente falaram?", e serão julgados de acordo. O fim do mundo se compara à nossa colheita, e você sabe que os homens, na ceifa, só consideram o fruto. Não devemos aceitar nada que não venha da fé. Falo tudo isso para lhe mostrar quão insignificantes serão as declarações de Tagarela no dia fatídico.

— Isso me faz lembrar Moisés e a forma como ele descreve o animal que é puro [Lv 11,3-7; Dt 14,6-8], afirmando ser aquele que tem o casco fendido *e* que rumina, e não o que apenas tem o casco fendido ou aquele que apenas rumina. A lebre rumina, mas continua impura, pois não tem o casco fendido. E isso, na verdade, assemelha-se a Tagarela: ele rumina, busca o conhecimento, rumina sobre a palavra, mas não tem o casco fendido, tampouco se afasta do caminho dos pecadores, pois, como a lebre, tem a pata de um cão ou de um urso e, portanto, é impuro.

— Você falou, pelo que sei, do verdadeiro sentido evangélico desses textos. E hei de acrescentar uma outra coisa: Paulo chama alguns homens, sim, e os grandes faladores, de sinos que ressoam e de címbalos que retumbam, ou seja, como expõe ele em outra passagem, coisas sem vida que produzem sons [I Co 13,1-3; 14,7]. Coisas sem vida, isto é, sem a fé verdadeira e a graça do evangelho e, consequentemente, coisas que nunca serão levadas ao reino dos céus entre aqueles que são filhos da vida, mesmo que o som de suas palavras seja como a língua ou a voz de um anjo.

— Bem, não gostei tanto da companhia dele de início, mas agora ela me causa náuseas. O que podemos fazer para nos livrarmos dele?

— Tome meu conselho e faça como eu mando. Há de ver que ele também logo ficará farto da sua companhia, a não ser que Deus toque o coração dele e o converta.

— O que você quer que eu faça?

— Ora, vá até ele e converse seriamente sobre o poder da religião, e pergunte-lhe diretamente – depois que ele tiver concordado com as suas palavras, o que certamente há de fazer – se tal poder está arraigado em seu coração, na sua casa ou na sua conduta.

Fiel apertou o passo novamente e perguntou a Tagarela: — E então, como está indo?

— Muito bem, obrigado. — respondeu Tagarela. — Acredito que deveríamos ter uma longa conversa agora.

— Ora, se assim o quer, comecemos já. E, já que você me cedeu o direito de fazer a pergunta inicial, responda-me isto: como a graça redentora de Deus se revela no coração do homem?

— Estou percebendo que nossa conversa vai versar acerca do poder das coisas. Bom, essa é uma ótima pergunta, e, certamente, vou respondê-la de bom grado. Eis aqui minha resposta, resumidamente: em primeiro lugar, se a graça de Deus está no coração, nele há de causar um grande clamor contra o pecado. Em segundo lugar...

— Calma lá, vamos considerar o que disse em primeiro lugar de imediato. Acredito que seria melhor dizer que a graça de Deus se revela ao fazer com que a alma tenha a tendência a detestar o pecado.

— Ora, e que diferença há entre clamar contra o pecado e detestá-lo?

— Ah, uma grande diferença. O homem pode clamar contra o pecado como norma, mas não chegará a detestá-lo se não for investido de virtude ou de uma antipatia divina contra ele. Já ouvi muitos clamarem contra o pecado no púlpito e abrigarem-no confortavelmente no peito, na própria casa, em sua conduta. A amante de José clamava bem alto, como se fosse extremamente santa, mas, apesar disso, cometia todo tipo de impureza com ele, sem pensar duas vezes. Alguns clamam contra o pecado como uma mãe grita com a criança em seu colo, chamando-a de atrevida e malcriada, para logo depois abraçá-la e beijá-la.

— Estou percebendo que está à espreita de me pegar em erro — retrucou Tagarela.

— Não, de jeito nenhum. Apenas pretendo esclarecer bem as coisas. Mas qual é a segunda coisa com que gostaria de provar a revelação da obra da graça no coração?

— Um grande conhecimento dos mistérios do evangelho.

— Esse sinal deveria ter vindo primeiro. Mas, primeiro ou último, também é falso, já que é possível obter conhecimento, grande conhecimento, dos mistérios do evangelho e, ainda assim, não encontrar nenhuma obra da graça na alma [I Co 13], porque, mesmo que o homem possua todo o conhecimento que há de existir, ainda pode nada ser e, consequentemente, não ser filho de Deus. Quando Cristo disse: "Vocês entenderam todas estas coisas?" e seus discípulos responderam-lhe que sim, ele acrescentou: "Felizes serão se as praticarem". Ele não abençoa o conhecimento deles, mas a prática de tal conhecimento, justamente por haver um entendimento apartado da ação: aquele que conhece a vontade de seu mestre e não a põe em prática. O homem pode ter o mesmo conhecimento de um anjo sem, no entanto, ser cristão, e, assim, seu sinal não corresponde à verdade. De fato, ter toda essa informação é algo que agrada a faladores e fanfarrões, mas é a ação que agrada a Deus. Não que o coração possa ser bom sem conhecimento, porque sem ele o coração não é nada. Portanto, há conhecimentos e conhecimentos: aquele que se baseia na mera especulação, e aquele acompanhado da graça da fé e do amor, que leva o homem a fazer a vontade de Deus do fundo do coração. O primeiro deles serve ao falador, mas, sem o segundo, o Cristão verdadeiro não se contenta. "Traga-me conhecimento, para que eu guarde a sua lei e a observe com todo o meu coração [Sl 119,34]."

— Está novamente à espreita para me pegar em erro. Isso não é nada edificante.

— Bom, se quiser, proponha então outro sinal de como essa obra da graça revela a sua presença.

— Não, porque estou vendo que nunca haveremos de concordar.

— Bom, se não quer fazê-lo, então me dê licença para propor eu mesmo um sinal.

— Tem toda a liberdade.

— A obra da graça revela-se na alma tanto àquele que a tem quanto aos seus observadores. Àquele que a tem, revela-se assim: dá-lhe a convicção do pecado, em especial da corrupção de sua natureza e do pecado da descrença – por meio do qual certamente será condenado, se não encontrar misericórdia aos olhos de Deus pela fé em Jesus Cristo [Jo 16,8-9; Rm 7,24; Mc 16,16]. Essa visão e percepção das coisas causam nele pesar e vergonha pelo pecado, e nele, além disso, encontram-se revelados o Salvador do Mundo e a absoluta necessidade de aproximar-se Dele por toda a vida, vida que será tomada pela fome e pela sede Dele e, com delas, feita a promessa [Sl 38,18; Jr 31,19; Gl 2,16; At 4,12; Mt 5,6; Ap 21,6]. Ora, de acordo com a força ou a fraqueza de sua fé no Salvador há de residir sua alegria e sua paz, seu amor e sua santidade, assim como o desejo de conhecê-lo mais e mais e também de servi-lo neste mundo. Mas, mesmo que eu diga que é assim que tudo isso se revela nele, continua a ser raro o homem apto a concluir que isso seja obra da graça, porque, agora, suas corrupções e sua razão distorcida farão com que a mente se engane em relação a essa questão. Por isso exige-se, daquele que possui essa obra, um julgamento bastante sensato para que ele possa concluir, com firmeza, que se trata da obra da graça.

— Aos outros — continuou Fiel — é assim que tudo isso se revela: primeiro, por uma confissão prática de sua fé em Cristo [Rm 10,10; Fl 1,27; Mt 5,19]. Segundo, por uma vida condizente com essa confissão, ou seja, uma vida de santidade: santidade no coração, santidade na família – se ele tiver família – e santidade em sua conduta neste mundo que acabará por lhe ensinar a detestar, em seu íntimo, em segredo, tanto o pecado quanto a si mesmo quando em pecado. Ensinará também a extirpá-lo da sua família e a promover a santidade no mundo; não apenas por palavras, como faz o hipócrita ou o falastrão, mas por meio da submissão prática, na fé e no amor, ao poder da Palavra [Jo 14,15; Sl 50,23; Jó 42,5-6; Ez 20,43]. E agora, meu caro, se tem algo a discordar dessa breve descrição da obra da graça, e de sua revelação, por favor, discorde. Caso contrário, peço-lhe permissão para propor uma segunda questão.

— Não, meu papel agora não é discordar, mas apenas ouvir. Deixe-me, então, saber qual é a segunda pergunta.

— Vamos a ela: por acaso você vivencia a primeira parte da descrição da obra da graça? Será que sua vida e sua conduta são testemunhos dela? Ou será que a sua religião se baseia apenas na palavra e na língua, e não em atos e verdade? Por favor, caso se disponha a me responder a tal pergunta, peço que não me diga nada que o Deus lá do alto não possa confirmar com um Amém, tampouco algo que sua consciência não possa comprovar, porque não se pode aprovar aquele que recomenda a si mesmo, mas apenas aquele a quem recomenda o Senhor. Além disso, dizer "sou assim, sou assado" enquanto minha conduta e meus vizinhos dizem o contrário demonstra grande perversidade.

Tagarela então começou a corar, mas, recobrando-se, respondeu: — Você vem agora falar de experiência, de consciência e de Deus, apelando a Ele para justificar seus argumentos. Confesso que não esperava esse tipo de discurso, nem estou disposto a dar uma resposta a perguntas do tipo, porque não me sinto obrigado a fazê-lo, a menos que você tenha tomado para si a tarefa de catequista, e, mesmo que talvez devesse agir dessa forma, recuso-me a fazer de você meu juiz. Mas peço que me responda: por que me faz essas perguntas?

— Porque vi-o disposto a conversar e porque não sabia que você não tinha nenhuma noção desse assunto. Além do mais, para lhe dizer a verdade, já tinha ouvido falar de você, de que é um homem cuja religião se baseia nas palavras, e que sua conduta desmente seu falatório, ao falar apenas da boca para fora. Dizem que você é uma mancha entre os cristãos, que a religião só piora por causa de sua conduta mundana e que alguns já tropeçaram em seus caminhos perversos, com muitos ainda em risco de destruição por culpa sua. Sua profissão de fé anda de mãos dadas com a taverna, a cobiça, a impureza, a injúria, a mentira, as más companhias e muito mais. Aquilo que dizem de uma meretriz também vale para você: assim como ela é uma vergonha para todas as mulheres, você é uma vergonha para todos os crentes.

— Já que você está disposto a emitir conceitos e a julgar com tanta crueldade, apenas posso concluir que estou diante de um homem rabugento e melancólico, não apropriado para conversar. E, por isso, adeus.

Em seguida, Cristão aproximou-se e falou a seu irmão: — Eu disse a você o que iria acontecer. As suas palavras e os desejos desse homem jamais haveriam de coincidir. Ele prefere abandonar sua companhia a reformar a própria vida. Mas ele partiu, como eu lhe falei que faria. Deixe que vá. Ele é o único a perder, ninguém mais, poupando-nos o trabalho de nos afastarmos dele, porque, se ele continuasse com sua conduta – como imagino que o teria feito –, certamente seria uma mancha em nosso grupo. Além disso, disse o apóstolo: "Afaste-se dessa gente".

— Mas fico feliz por termos tido essa breve conversa com ele. Talvez ele chegue a levar em consideração tudo o que lhe disse. Fui bastante sincero com ele e, por isso, estou livre do sangue dele, se ele acabar perecendo.

— Você fez bem ao falar-lhe com tanta franqueza. Hoje em dia, é difícil encontrar quem lide com os homens com tanta sinceridade, e é por isso que a religião se tornou tão repugnante para tantas pessoas, como deve realmente ser, já que esses tolos tagarelas professam a religião apenas da boca pra fora, mostrando-se debochados e fúteis em sua conduta, o que – por conta de serem admitidos na companhia dos corretos – acaba fazendo tropeçar o mundo, mancha o cristianismo e entristece os francos. Gostaria que todos os homens os tratassem assim, como você bem o fez. Ou eles se adaptariam melhor à religião, ou a companhia dos santos lhes seria ardente demais. — E, por fim, Fiel disse:

> *No início, como suas penas Tagarela agitava!*
> *Cheio de coragem falava e nunca se calava!*
> *E a todos diante dele enchia de inquietação!*
> *Mas, logo Fiel falou-lhe das obras do coração*
> *E não demorou muito para fazê-lo minguar,*
> *Assim como aqueles que de tais obras se afastar.*

E, em seguida, continuaram conversando sobre o que haviam visto pelo caminho, e o percurso tornou-se mais leve, porque, do contrário, certamente teria sido bastante entediante, visto que atravessavam um lugar ermo.

CAPÍTULO XIII

Cristão e Fiel são perseguidos na Feira das Vaidades.

E agora, quando estavam prestes a alcançar o fim daquele lugar, Fiel olhou para trás e avistou alguém que os seguia, reconhecendo-o. —Ah, quem vem lá? — disse ele ao seu irmão. Cristão, então, também olhou para trás e disse: — É meu bom amigo Evangelista. — Também é grande amigo meu — retrucou Fiel. — Foi ele quem me indicou o caminho até a porta. — Evangelista alcançou-os e cumprimentou-os:

— Que a paz esteja com vocês, meus queridos, e paz também àqueles que os ajudarem.

— Bem-vindo, muito bem-vindo, meu bom Evangelista — respondeu Cristão. — A visão de seu semblante me faz lembrar de sua bondade e de seu incansável esforço pelo meu eterno bem-estar.

— Seja mil vezes bem-vindo — disse então Fiel. — Como a sua companhia, ó doce Evangelista, é agradável para nós, pobres peregrinos!

— Como têm passado, meus amigos, desde que nos separamos? O que encontraram pelo caminho e como se comportaram?

Cristão e Fiel, então, contaram-lhe todas as coisas que lhes tinham acontecido pelo caminho, e como e com que dificuldade tinham chegado àquele lugar.

— Fico muito feliz, — disse Evangelista — não por vocês terem enfrentado tais provações, mas por terem se saído vitoriosos, e por – apesar das muitas fraquezas – terem continuado no caminho até este dia. Devo dizer novamente que fico muito feliz com isso, não só por vocês, mas também por mim mesmo. Semeei, e vocês colheram, e há de chegar o dia em que tanto aquele que semeou quanto os que colheram haverão de se alegrar juntos. Ou seja, se vocês perseverarem "e não esmorecerem, no tempo devido terão sua colheita [Jo 4,36; Gl 6,9]". A coroa está diante de vocês, uma coroa incorruptível; por isso, corram, e haverão de alcançá-la [I Co 9,24-27]. Há muitos que partiram em busca dessa coroa, mas, depois de muito avançarem em sua direção, veio outro e tomou-a da mão deles. Agarrem, portanto, o que têm; não deixem que nenhum outro a tome de vocês [Ap 3,11]. Vocês ainda não estão fora do alcance dos disparos do demônio; ainda não resistiram até o sangue em sua luta contra o pecado. Continuem a manter o reino sempre diante de vocês e acreditem firmemente nas coisas invisíveis. Não deixem que as coisas deste lado do mundo invadam seu íntimo e, sobretudo, vigiem bem seu coração e as paixões que nascem nele, "pois elas iludem mais do que qualquer outra coisa e são desesperadamente perversas". Que seus rostos sejam como a rocha, e terão todo o poder dos céus e da terra do seu lado.

Cristão, então, agradeceu-lhe por sua exortação, mas disse ainda que gostaria que ele lhes falasse mais – o máximo que lhe fosse possível –, a fim de ajudá-los no restante do caminho, porque sabia muito bem que ele era um profeta, sendo capaz de dizer-lhes coisas que talvez pudessem vir a acontecer com eles e como poderiam enfrentá-las e derrotá-las. Fiel reforçou o pedido, e, por isso, Evangelista tomou a palavra, dizendo:

— Meus filhos, vocês já ouviram, nas palavras da verdade do evangelho, que é preciso passar por muitas tribulações para entrar no reino dos céus. E, ainda, que em cada cidade haverão de encontrar grilhões e aflições, não devendo esperar, portanto, seguir em sua peregrinação sem elas, de uma forma ou de outra. Vocês já enfrentaram certa parte da verdade desses testemunhos, e outros obstáculos seguirão adiante. Agora, como podem ver, estão quase no fim desta terra e, por isso, logo chegarão a uma cidade – que em breve haverão de avistar – onde serão duramente atormentados pelos inimigos, que muito se esforçarão por matá-los. Assegurem-se de que um de vocês, ou ambos, precisará selar o testemunho que mantém com o próprio sangue, mas permaneçam fiéis até a morte, e o Rei lhes dará a coroa da vida. Aquele que ali morrer – mesmo com uma morte anormal e em meio a muitas dores – terá uma recompensa maior do que seu companheiro, não só porque chegará mais cedo à Cidade Celestial, mas também porque será poupado das muitas aflições que o outro há de encontrar no restante da jornada. Quando, porém, chegarem à cidade, e se cumprirem o que lhes acabo de dizer, lembrem-se deste seu amigo e ajam como homens, sem deixar de conservar sua alma para Deus, como seu fiel Criador.

Vi então, em meu sonho, que, assim que saíram daquele lugar ermo, os dois peregrinos logo avistaram diante deles uma cidade, cujo nome era Vaidade. E, nessa cidade, acontece uma feira, chamada Feira das Vaidades, durante todo o ano. A feira tem esse nome porque a cidade é ainda mais frívola do que a vaidade, e porque tudo o que se vende ou chega ali é leviano. Como diz o sábio ditado: "Tudo o que vem é vaidade" [Ecl 1; 2,11-17; 11,8; Is 11,17].

Essa feira não é algo novo, mas um negócio muito antigo. Vou mostrar-lhes sua origem.

Quase 5 mil anos atrás já havia peregrinos que caminhavam rumo à Cidade Celestial, como essas duas pessoas honestas. E Belzebu, Apolion e Legião, com seus companheiros, ao perceber que o caminho dos peregrinos rumo à cidade sempre passava por esse local chamado Vaidade, planejaram então erigir ali uma feira na qual se vendesse todo tipo de bugiganga, aberta o ano inteiro. E, assim, nessa feira passou a se vender toda sorte de mercadoria, como casas, terras, negócios, lugares, honrarias, títulos, países, reinos, paixões, prazeres e delícias de todo tipo, assim como meretrizes, cafetinas, esposas, maridos, filhos, senhores, servos, vidas, sangue, corpos, almas, prata, ouro, pérolas, pedras preciosas e tudo mais.

Além disso, podiam-se ver ali malabarismos, truques, jogos, brincadeiras, bobos, mímicos, ilusionistas e pilantras de toda espécie.

Também havia, sem nenhum motivo, furtos, assassinatos, adultérios, perjúrios, tudo bem tingido de vermelho-sangue.

E, como em outras feiras de menor importância, há várias vielas e ruas, com nomes característicos, onde se vende essa ou aquela mercadoria. Assim, da mesma forma, os produtos de certos países e reinos são vendidos nos locais, vielas e ruas com seu nome. Veem-se ali as ruas Britânica, Francesa, Italiana, Espanhola e Alemã, nas quais se pode comprar todo tipo de produto. Mas, também como em outras feiras, há sempre um certo produto que funciona como carro-chefe de todo o negócio, e, nessa em específico, os artigos de Roma são fartamente divulgados, e apenas a nação inglesa, ao lado de algumas outras, não foi bem recebida.

Ora, como já disse, o caminho até a Cidade Celestial passa justamente por esse vilarejo onde se dá essa feira devassa, e aquele que vai à cidade, mas não passa através deste lugar deve, necessariamente, sair do mundo [I Co 5,10]. O próprio Príncipe dos príncipes, quando aqui esteve, passou por esse vilarejo rumo à sua própria terra, e isso também em dia de feira. Sim, e acredito que foi Belzebu, chefe e senhor da feira, quem o convidou a comprar uma de suas vaidades. Se Cristo, ao passar por ali, tivesse adorado Belzebu, seria promovido a senhor da feira [Mt 4,8; Lc 4,5-7]. Sim, por conta de ser ele pessoa honrada, Belzebu levou-o de rua em rua, mostrando-lhe todos os reinos do mundo em pouco tempo para, se possível, instigar o Bem-Aventurado a barganhar e comprar algumas de suas vaidades. Mas ele não demonstrou nenhum interesse por seus artigos e, assim, deixou o vilarejo sem gastar um único centavo com esses produtos. A feira, portanto, é coisa antiga, de longa data, e bastante grande.

Esses peregrinos, como já mencionei, precisavam atravessar a feira. E assim fizeram. Mas eis que, ao lá entrarem, todas as pessoas, tanto do lugar quanto de toda a cidade, lhes abriram caminho, formando uma agitação ao redor deles, por diversas razões.

Primeiro porque os peregrinos vestiam roupas muito diferentes daquelas usadas pelos negociantes da feira. E, por isso, todos fitavam-nos incessantemente: alguns diziam se tratar de idiotas, outros, de lunáticos, e outros, ainda, de simplesmente esquisitos [I Co 2,7-8].

Segundo porque, assim como admiravam os trajes dos dois homens, também se espantavam com aquilo que diziam, pois poucos conseguiam entender o que falavam. Obviamente, falavam a língua de Canaã, mas aqueles que trabalhavam na feira eram homens deste mundo. E, portanto, em todo canto a que iam, pareciam bárbaros uns aos outros.

Terceiro – algo que não provocou a menor admiração nos mercadores – porque os peregrinos mal chegavam a reparar nos artigos à venda, nem sequer se dignando a olhar as mercadorias, e, se chamavam-nos para oferecer algum produto, os dois tapavam os ouvidos e bradavam: — "Desvie meus olhos, para que eles não vejam a vaidade [Sl 119,37; Fl 3,19-20]". — e olhavam para o alto, querendo dizer que seus negócios estavam lá no céu.

Um dos negociantes, ao observar o comportamento dos dois, disse-lhes, zombando: — O que vão comprar? — Mas eles, lançando-lhe um olhar sério, responderam: — "Compramos a verdade [Pr 23,23]". — Tal resposta foi suficiente para que os desprezassem ainda mais, escarnecendo-os, ridicularizando-os, repreendendo-os, e alguns até mesmo começaram a reunir gente para espancá-los. Por fim, a coisa toda transformou-se em tumulto e muita confusão na feira, descaindo em completa desordem. Não demorou muito para que a notícia chegasse ao chefe da feira, que surgiu depressa, nomeando alguns de seus amigos mais fiéis para questionar os dois homens, que haviam praticamente virado o lugar de pernas para o ar. E, assim, levaram os peregrinos para ser interrogados. Aqueles que se postaram diante deles lhes perguntaram de onde vinham, para onde iam e o que faziam ali com aquelas vestes tão bizarras. Os dois disseram-lhes que eram peregrinos e forasteiros naquele mundo, seguindo para sua própria terra, que era a Jerusalém celeste [Hb 11,13-16], e que não haviam dado nenhum motivo aos homens da cidade, tampouco aos mercadores, para tratá-los daquela forma e impedir sua jornada, além de terem respondido – quando alguém lhes perguntara o que queriam comprar – que apenas estavam interessados na verdade. Mas os homens designados para interrogá-los acreditavam somente que se tratava de lunáticos ou loucos, ou que tinham vindo até a feira para causar desordem. E, assim, agarraram-nos e espancaram-nos, sujando-os com imundícies e jogando-os depois em uma cela, para que servissem de espetáculo a todo o povo da feira. Ali ficaram por algum tempo, e eram alvo de diversão, malícia ou vingança de todos, com o chefe da feira rindo de tudo o que lhes acontecera. No entanto, os peregrinos mantinham-se pacientes e não retribuíam insulto com insulto; pelo contrário, abençoavam-nos e respondiam ao mal com boas palavras, e às injúrias, com bondade, fazendo com que alguns homens da feira, mais observadores e menos preconceituosos do que o resto, passassem a repreender e culpar os mais vis pela contínua violência praticada contra eles. Estes, contudo, irritados, voltaram-se contra seus repreensores e acusaram-nos de ser tão perversos quanto os homens na cela e de agirem em cumplicidade com eles, ameaçando-os de prendê-los junto com os peregrinos, fazendo-os passar pelos mesmos infortúnios. Os outros retrucaram que, pelo que podiam ver, os dois homens mantinham-se calados e sóbrios e não queriam fazer mal a ninguém, pois na feira havia muitos mercadores mais merecedores da cela, e até mesmo do pelourinho, do que os peregrinos que estavam maltratando. E, assim, depois de muita discussão dos dois lados – enquanto os peregrinos continuavam a se portar de maneira muito sábia e sóbria diante deles –, os homens trocaram as palavras pela força bruta e acabaram se ferindo. Por conta disso, os dois peregrinos foram novamente levados à presença de seus inquiridores, acusados de provocar novo tumulto na feira. Bateram neles com crueldade e prenderam-nos a ferros, desfilando-os por toda a feira como exemplo e aviso aos outros para que ninguém mais os defendesse nem se unisse a eles. Cristão e Fiel, no entanto, se comportaram com ainda mais sabedoria e aceitaram a ignomínia e a vergonha que lhes era lançada ao rosto com tanta mansidão e paciência que abarcaram vários homens da feira para seu lado – embora bem poucos em comparação com os do lado contrário. Isso enfureceu ainda mais seus oponentes, que, então, se decidiram pela morte dos dois, argumentando que nem a cela nem os grilhões tinham lhe servido de nada e que mereciam morrer por conta da violência que haviam causado e por terem iludido os homens da feira.

Foram, então, mandados de volta à cela, até que uma nova ordem fosse tomada a respeito deles. E, já no cárcere, ainda amarraram seus pés ao tronco.

E ali voltaram a se lembrar do que lhes dissera seu fiel amigo Evangelista e sentiram-se ainda mais confiantes em seu caminho e nos sofrimentos vividos, por conta do que haviam ouvido dizer que lhes aconteceria. Também consolavam um ao outro, argumentando que aquele cujo destino fosse padecer teria a maior das recompensas. E, assim, secretamente, cada um dos dois desejava ser o escolhido, pondo-se, porém, à sábia disposição Daquele que rege todas as coisas, e, muito conformados, aceitavam a miséria em que se achavam, até que algo mais lhes acontecesse.

Então, no tempo oportuno, foram levados a julgamento para que fossem condenados. Chegada a hora, foram apresentados diante de seus inimigos e acusados. O nome do Juiz era sr. Odeia-o-Bem. A acusação era essencialmente a mesma para ambos, e, embora variasse ligeiramente na forma, o conteúdo era o seguinte:

"São inimigos e perturbadores dos negócios. Provocaram comoção e divisões na cidade e arrebanharam simpatizantes às suas perigosíssimas opiniões, em desrespeito à lei de seu príncipe".

Fiel, então, começou a justificar-se, dizendo que apenas se rebelara contra aquele que, antes, havia se colocado contra o Altíssimo. E disse também: — Quanto à comoção, não a provoquei, pois sou homem de paz. Aqueles que tomaram nosso partido fizeram-no por notar nossa verdade e inocência, e simplesmente trocaram o pior pelo melhor. Quanto ao rei de que falam, já que se trata de Belzebu, inimigo de nosso Senhor, renego tanto a ele quanto a todos os seus anjos.

Proclamou-se, então, que os homens escolhidos para tanto fossem testemunhar a favor do senhor rei e contra o prisioneiro no banco dos réus. Surgiram três testemunhas, Inveja, Superstição e Bajulação. Perguntaram-lhes, em seguida, se conheciam o prisioneiro ali presente e o que tinham a dizer a favor de seu senhor, o rei, e contra Fiel.

Inveja adiantou-se sem demora, dizendo: — Meu Senhor, já conheço este homem há muito tempo e atesto sob juramento perante esta respeitada corte que ele é...

— Um momento! Ainda deve prestar juramento — interrompeu o juiz.

Fizeram-no, então, jurar. E disse, logo depois: — Meu Senhor, este homem, apesar de seu nome plausível, é um dos homens mais vis de nossa terra. Ele não respeita príncipe nem povo, lei nem costume, mas faz tudo o que pode para conquistar a todos com algumas de suas ideias desleais, que denomina, no geral, *princípios de fé e de santidade*. E, em especial, eu mesmo o ouvi certa vez afirmar que o Cristianismo e os costumes da nossa cidade de Vaidade eram diametralmente opostos e não seriam capazes de conviver em harmonia. Por tudo o que disse, meu Senhor, ele não apenas condena de uma só vez todos os nossos louváveis atos, mas também nos condena a nós, que os realizamos.

Por fim, o Juiz perguntou-lhe: — Tem algo mais a declarar?

— Meu Senhor, eu ainda poderia dizer muito mais, mas não quero entediar a corte. No entanto, se for necessário, depois que os outros cavalheiros tiverem apresentado suas provas, se acaso ainda faltar algo para condená-lo, poderei então acrescentar mais coisas ao meu testemunho. — E, então, ordenaram à testemunha que aguardasse.

Convocaram, em seguida, Superstição e mandaram-lhe que desse uma boa olhada no prisioneiro. Perguntaram-lhe também o que poderia dizer pelo senhor seu rei contra o réu, e, depois de tê-la feito prestar juramento, a segunda testemunha tomou a palavra:

— Meu Senhor, não tenho grande familiaridade com este homem, tampouco desejo conhecê-lo mais a fundo. Contudo, sei que se trata de alguém altamente pernicioso, algo que deduzi da conversa que tive com ele em nossa cidade, um dia desses. Nessa conversa, ouvi-o dizer que nossa religião era um nada e que por meio dela homem nenhum poderia jamais agradar a Deus. Com tais palavras, ó meu Senhor, deve saber muito bem que ele conclui que adoramos em vão e que permanecemos no pecado para, no fim, sermos todos condenados. E isso é tudo o que tenho a dizer.

Em seguida, foi a vez de Bajulação prestar juramento e dizer o que sabia, em nome de seu senhor, o rei, contra o prisioneiro no banco dos réus:

— Meu Senhor e cavalheiros presentes: conheço este homem há muito tempo e ouvi-o dizer coisas que não deveriam ser ditas, pois ele ofendeu nosso nobre príncipe Belzebu e falou com desdém de seus honrados amigos, cujos nomes são Lorde Velho Homem, Lorde Prazer Carnal, Lorde Lascivo, Lorde Desejo de Vanglória, meu velho Lorde Luxúria, o Senhor Ganância e todos os outros nobres da corte. Disse, ainda, que, se todos acatassem a sua opinião, se é que isso era possível, nem ao menos um dos nobres que citei continuaria a viver nesta cidade. Além disso, ele não teve o menor temor em insultá-lo, meu Senhor, hoje designado para ser seu juiz, chamando-o de vilão ímpio e inúmeros outros termos igualmente aviltantes com que havia difamado a maior parte da aristocracia de nossa cidade.

Depois que Bajulação contou suas mentiras, o Juiz dirigiu-se ao prisioneiro no banco dos réus, dizendo-lhe: — Seu renegado, herege e traidor! Ouviu o que estes honestos cavalheiros testemunharam contra você?

— Posso dizer algumas palavras em minha defesa? — perguntou Fiel.

— Cale-se! Cale-se! Você não merece mais viver, mas sim morrer imediatamente, aqui mesmo, neste lugar. Mas, a fim de que todos possam ver nossa bondade para com você, ouçamos o que tem a dizer, renegado vil.

— Responderei, então, em primeiro lugar, ao que o sr. Inveja disse, afirmando que nunca falei nada além de que qualquer regra, lei, costume ou povo nitidamente contrário à Palavra de Deus é diametralmente oposto ao Cristianismo. Se disse algo de errado nessa sentença, peço que me convençam de meu erro, e estarei disposto a me retratar diante dos senhores.

— Em segundo lugar, — continuou ele — em relação à acusação que me fez o sr. Superstição, só tenho a dizer que, na adoração a Deus exige-se uma fé Divina, não podendo haver fé Divina sem a Divina revelação da vontade de Deus. Portanto, tudo o que se insere no culto a Deus que não esteja de acordo com a revelação Divina não pode ser feito senão pela fé humana, que de nada vale para a vida eterna.

— Quanto ao que o sr. Bajulação disse, — concluiu Fiel — devo afirmar – evitando os termos que, de acordo com ele, eu teria usado, ou outros parecidos – que o príncipe desta cidade, juntamente com todo o seu séquito, nomeado por este cavalheiro, é mais adequado ao inferno do que a esta cidade ou país e, por isso, peço que o Senhor tenha misericórdia de mim.

O Juiz, então, convocou o júri – que esteve presente durante todo esse tempo para ouvir e observar: — Cavalheiros do júri, os senhores veem aqui este homem que provocou tão grande tumulto nesta cidade. Também ouviram o que estes respeitados cavalheiros testemunharam contra ele. E ouviram ainda sua resposta e confissão. Cabe agora à sua consciência condená-lo à forca ou salvar a sua vida, mas, antes, acho por bem instruí-los acerca de nossa lei.

— No dia de Faraó, o Grande, servo de nosso príncipe, foi promulgado um Ato — disse o Juiz — que determinava que, a fim de que os fiéis de uma religião contrária não se multiplicassem nem se fortalecessem demais diante dele, os homens da tal seita seriam atirados no rio [Ex 1,22]. Promulgaram, ainda, outro Ato, na época de Nabucodonosor, o Grande, outro de seus servos, que determinava que todo aquele que não se prostrasse para adorar a sua estátua de ouro seria atirado em uma fornalha ardente [Dn 3,6]. E houve ainda um outro, decretado nos dias de Dario, que determinava que todo aquele que, por algum tempo, invocasse qualquer outro deus que não ele deveria ser lançado na cova dos leões [Dn 6]. Ora, a essência dessas leis foi violada por esse rebelde, não só em pensamento – que não deve ser jamais abrigado –, mas também em palavras e ações, algo a ser considerado, portanto, intolerável.

— Quanto ao caso de Faraó, — concluiu o Juiz — sua lei foi elaborada com o objetivo de prevenir qualquer má conduta, sem nenhum crime concreto. Aqui, no entanto, testemunhou-se um crime concreto. Em relação ao segundo e ao terceiro decretos, os senhores puderam ver que o réu colocou-se contra a nossa religião e, como acabou de confessar tal traição, merece a morte.

Em seguida, saíram do tribunal os membros do júri, cujos nomes eram sr. Cegueira, sr. Injustiça, sr. Malícia, sr. Lascívia, sr. Libertinagem, sr. Imprudência, sr. Pretensão, sr. Malevolência, sr. Mentira, sr. Crueldade, sr. Ódio-à-Luz e sr. Implacável – e cada um deles deu seu veredito privado contra o réu, e, depois, consideraram-no culpado perante o Juiz, por unanimidade. O primeiro jurado, o sr. Cegueira, pronunciou-se assim: — Vejo claramente que este homem é um herege. — Disse, então, o sr. Injustiça: — Tratemos de expulsar um homem desses da terra. — Sim, — concordou o sr. Malícia — porque nem ao menos suporto olhar para ele. — Em seguida, foi a vez de o sr. Lascívia se pronunciar: — Nunca pude aturá-lo. — Nem eu, — concordou o sr. Libertinagem — já que ele viveria sempre condenando minhas ações. — Enforquem-no, enforquem-no! — gritou o sr. Imprudência. — Um coitado miserável! — bradou o sr. Pretensão. — Meu coração começa a palpitar contra ele — falou o sr. Malevolência. — É um pilantra — afirmou o sr. Mentira. — Enforcá-lo é bom demais para ele — pronunciou o sr. Crueldade. — Vamos despachá-lo para fora do caminho — disse o sr. Ódio-à-Luz. E, por fim, falou o sr. Implacável: — Se ele me oferecesse o mundo inteiro, ainda assim não me reconciliaria com ele. Por isso, devemos condená-lo imediatamente à pena de morte.

— E assim fizeram, instando imediatamente o réu a ser despachado do lugar onde estavam àquele de onde viera, para que ali sofresse a morte mais cruel que se pudesse conceber.

Levaram-no, portanto, para fora, a fim de executá-lo segundo a lei. Primeiro, chicotearam-no e, depois, o espancaram, lancetando sua carne com facas, em seguida. Mais tarde, ainda o apedrejaram, furaram-no com espadas e, por fim, queimaram-no na fogueira, até que virasse cinzas. Foi assim a morte de Fiel.

Vi então, por detrás da multidão, uma carruagem e uma parelha de cavalos que esperavam por Fiel, e que ele - tão logo seus adversários o haviam matado — foi para lá levado e imediatamente transportado através das nuvens, ao toque de trombetas, pelo caminho mais curto até o Portão Celestial. Quanto a Cristão, foi-lhe concedida a prorrogação de seu julgamento, e, por isso, foi mandado de volta à prisão, onde permaneceu por um certo tempo. Mas Aquele que tudo governa, detendo o poder de sua fúria em Suas próprias mãos, quis que Cristão aproveitasse a oportunidade para fugir, retomando seu caminho.

E, enquanto caminhava, cantou:

O bom Fiel, por seu Senhor professar,
Dele suas bênçãos há de angariar,
Ao passo que os infiéis e seu prazer vão
Sob infernais sofrimentos perecerão.
Cante, Fiel, seu nome deve permanecer,
Morrendo, eternamente haverá de viver!

CAPÍTULO XIV

Cristão encontra outro excelente companheiro, Esperançoso. Diálogos entre os dois e Interesseiro, Ganancioso e Demas.

Vi então, no meu sonho, que Cristão não seguia sozinho, pois certo homem, chamado de Esperançoso – cujo nome lhe foi dado depois de confirmada a sua fé ao prestar atenção nas palavras, conduta e sofrimentos de Cristão e Fiel –, uniu-se a ele e, firmando fraterna aliança, disse-lhe que gostaria de acompanhá-lo. Assim, um deles morrera para dar testemunho da verdade, ao passo que outro havia nascido de suas cinzas para servir de companhia a Cristão em sua peregrinação. E Esperançoso disse ainda a Cristão que muitos outros homens da feira aguardariam algum tempo antes de segui-los.

Vi também que, logo depois de deixarem a feira, alcançaram certo homem que saíra antes deles, chamado Interesseiro, e lhe disseram então: — De que país está vindo, meu senhor? E até onde pretende ir neste caminho? — Ele disse-lhes que vinha da cidade de Belo Discurso e seguia rumo à Cidade Celestial – mas não lhes disse seu nome.

— Belo Discurso! — disse Cristão. — E por acaso lá vive algum homem bom [Pr 26,25]?

— Acredito que sim — respondeu Interesseiro.

— Por favor, meu senhor, como podemos chamá-lo? — perguntou Cristão.

— Sou um estranho para vocês, e vocês para mim, mas, se estão seguindo por este caminho, ficaria feliz em tê-los como companhia. Caso contrário, devo me conformar.

— Já ouvi falar dessa tal cidade de Belo Discurso, — retomou a palavra Cristão — e, se me lembro bem, dizem que se trata de um lugar rico.

— Posso garantir-lhe que sim, e tenho muitos parentes ricos por lá.

— E quem são esses seus parentes? Se é que posso ousar lhe perguntar tal coisa.

— Praticamente a cidade inteira e, em especial, o sr. Vira-Casaca, o sr. Oportunista e o sr. Belo Discurso – de cujos antepassados a cidade herdou o nome. Também o sr. Capacho, o sr. Duas-Caras e o sr. Qualquer-Coisa. O vigário de nossa paróquia, o sr. Duas-Línguas, era meio-irmão de minha mãe, por parte de pai. E, para lhe dizer a verdade, tornei-me um cavalheiro de certa monta, mas meu avô não passava de um barqueiro que, olhando para um lado, remava para o outro. Eu mesmo adquiri a maior parte de meu patrimônio com essa ocupação.

— É casado?

— Sim, e minha esposa é uma mulher muito virtuosa e filha de outra mulher cheia de virtudes. Sua mãe chamava-se sra. Dissimulada, e ela vem, portanto, de uma linhagem muito honrada e alcançou tal nível de educação que sabe se portar em todas as situações, tanto diante de um príncipe quanto de um camponês. É verdade que temos nossas diferenças quando se trata de religião, mas apenas em duas questões menores: primeiro, jamais remamos contra o vento e a maré; segundo, somos sempre muito zelosos quando a religião calça as suas sandálias de prata. Adoramos acompanhá-la pelas ruas, em dias de sol, para ouvir os aplausos do povo.

Cristão, afastando-se um pouco dele, foi falar com Esperançoso, dizendo: — Acredito que esse homem é um tal Interesseiro, da cidade de Belo Discurso, e, se for ele mesmo, estamos na companhia de um pilantra inigualável em toda esta região. — Esperançoso disse-lhe então: — Pois pergunte a ele, não acho que deva ter vergonha do próprio nome. — E, assim, Cristão voltou-se para ele e falou: — Meu caro, você fala como se soubesse algo mais do que todo o mundo, e, se não me engano, imagino saber quem é. Por acaso não se chama Interesseiro, de Belo Discurso?

— Esse não é meu nome verdadeiro, mas, na verdade, um apelido dado por algumas pessoas que não me toleram. E devo contentar-me em tê-lo como censura, assim como outros bons homens já suportaram seus apelidos antes de mim.

— Então você nunca deu motivo para que os homens o chamem assim?

— Nunca, jamais! O pior que já fiz, que talvez lhes tenha levado a me nomear de tal forma, é que sempre tenho a sorte de poder me ajustar aos costumes em voga, sejam eles quais forem, e minha sina é conseguir fazê-lo com maestria. Se, no entanto, as coisas se passam assim comigo, escolho considerá-las uma bênção e não aceito que me censurem os maliciosos.

— Imaginei, certamente, que você era o homem de quem já tinha ouvido falar e, sendo-lhe sincero, receio que seu nome lhe seja mais apropriado do que está disposto a admitir.

— Bom, se é assim que você pensa, não posso fazer nada. Tenho certeza de que há de achar que sou um ótimo companheiro de viagem, se me aceitar como tal.

— Se quiser mesmo vir conosco, deverá seguir contra o vento e a maré, e acredito que isso vá contra suas convicções. Precisará também aceitar a religião vestida com trapos, não apenas em suas sandálias de prata, e continuar ao lado dela quando estiver acorrentada, não só enquanto andar pelas ruas sob aplausos.

— Você não pode me impor tal coisa, nem controlar minha fé. Deixe-me com a minha liberdade, permitindo-me ao mesmo tempo acompanhá-los.

— Nem mais um passo adiante, a menos que você aceite agir como proponho, como nós dois agimos.

Então, disse Interesseiro: — Nunca haverei de abandonar meus antigos princípios, pois eles são inofensivos e convenientes. Se não puder acompanhá-los, continuarei a fazer como antes de vocês me alcançarem, mesmo só, até que, por fim, alguém fique feliz com a minha companhia.

Ora, vi, no meu sonho, que Cristão e Esperançoso se afastaram dele, mantendo certa distância à frente. Mas um deles, ao olhar para trás, avistou três outros homens seguindo o sr. Interesseiro, que lhes fez uma respeitosa reverência assim que o alcançaram. Os três sujeitos cumprimentaram-lhe em resposta à reverência; chamavam-se eles sr. Apego Mundano, sr. Ganancioso e sr. Avareza, homens que Interesseiro já conhecia, pois haviam sido seus colegas de escola na infância, quando tiveram como professor um certo sr. Avidez, da cidade de Amor ao Lucro, sede do condado de Cobiça, no norte do país. Esse professor ensinara-lhes a arte do ganho por meio de violência, fraude, bajulação, mentira ou falsa religião, e os quatro senhores aprenderam muito dessa arte com seu mestre, tanto que cada um deles poderia abrir sua própria escola.

Bom, depois de se cumprimentarem da forma como havia mencionado, o sr. Apego Mundano disse ao sr. Interesseiro: — Quem são aqueles ali adiante? — já que ainda podiam ver Cristão e Esperançoso à sua frente.

— São dois homens de uma terra distante, que, ao seu modo, seguem em peregrinação.

— Ora, e por que não nos esperaram, a fim de que desfrutássemos de sua companhia? Eles são tão peregrinos quanto nós e, imagino, quanto você também.

— Nós, de fato, o somos, mas os homens que seguem adiante são tão rígidos, amam tanto suas convicções e têm tão pouca consideração pelas opiniões alheias que nenhum outro homem é divino o bastante, a não ser que pense exatamente como eles. A não ser que os acompanhe em tudo, eles logo haverão de se afastar de vocês.

— Isso é ruim! — exclamou o sr. Avareza. — Mas já lemos sobre alguns que são tão exageradamente corretos que sua rigidez faz com que julguem e condenem a todos, menos a si próprios. Mas, por favor, conte-nos, em quantas e quais coisas vocês discordaram?

— Ora, — respondeu Interesseiro — eles, por conta de sua teimosia, concluíram que é dever de todos avançar sob qualquer intempérie, mas eu acredito que o melhor é esperar pelo vento e pela maré corretos. Eles advogam que é preciso arriscar tudo em nome de Deus, de imediato, ao passo que eu prefiro me aproveitar de todas as vantagens para garantir minha vida e meus bens. Eles mantêm-se firmes em suas ideias, mesmo que todos os outros homens discordem deles, mas eu sou a favor de uma religião em conformidade com os interesses dos tempos e da minha própria segurança. Eles são pela religião, independentemente de ela estar vestida com trapos ou sujeita ao desprezo, mas eu a defendo quando ela ostenta suas sandálias de prata, à luz do sol e sob aplausos.

— E faz muito bem, meu caro Interesseiro — retrucou Apego Mundano. — Quanto a mim, só posso considerar esse homem um tolo, pois, tendo a liberdade de conservar o que tem, é insensato a ponto de perdê-lo. Sejamos sábios como as serpentes e aproveitemos as oportunidades enquanto pudermos. Você bem sabe que a abelha repousa durante todo o inverno e só volta a se mexer quando pode trabalhar com prazer. Deus ora envia a chuva, ora envia o sol, e, se esses dois são tolos a ponto de sair debaixo de chuva, só nos resta caminhar sob tempo bom. De minha parte, gosto mais da religião que se abriga na segurança das boas bênçãos de Deus sobre nós, pois se Ele nos oferece as boas coisas desta vida, quem é que, julgando-se regido pela razão, conceberia que Deus não quer que as conservemos? Abraão e Salomão enriqueceram na religião. E Jó diz que o bom homem há de acumular ouro como pó. Assim, o homem bom não é como esses senhores que seguem diante de nós, se são de fato como você os descreveu.

— Penso que todos nós concordamos nessa questão — complementou Avareza — e, por isso, não precisamos mais falar a esse respeito.

— Não, certamente não precisamos mais falar sobre essa questão, — concordou Ganancioso — porque aquele que não crê nem na Sagrada Escritura nem na razão – e vocês bem sabem que temos ambas do nosso lado – não conhece sua própria liberdade, tampouco busca a própria segurança.

— Meus irmãos, — interveio Interesseiro — como podem ver, estamos todos em peregrinação, e, para que nos desviemos das coisas más, permitam-me que lhes proponha a seguinte questão: imaginem que um homem, um pastor ou um comerciante, tenha diante de si a oportunidade de ter muitos benefícios nesta vida. No entanto, ele não pode tomá-las para si sem que, ao menos na aparência, se torne extraordinariamente zeloso em alguns pontos da religião pelos quais antes nem sequer se interessava. Não poderá ele usar tais meios para alcançar seu propósito, conservando-se, ainda assim, homem justo e honesto?

— Entendo o fundamento de sua pergunta e, se me permitirem, tentarei dar-lhes uma resposta — retorquiu Ganancioso.

— Antes de tudo, pretendo responder à pergunta no que concerne a um pastor. Imaginem um homem digno, que possua uma renda bem pequena, mas que tenha à vista outra bem maior, mais polpuda e farta. Subitamente, vê a oportunidade de consegui-la, mas, para isso, precisará se esforçar mais, pregar com mais frequência e zelo e alterar alguns de seus princípios, de acordo com o que o povo dele exigir. De minha parte, não vejo razão para que o homem não o faça – desde que tenha vocação para tanto – e não faça ainda muito mais, continuando, no entanto, a ser honesto. E por quê?

— Em primeiro lugar, — continuou ele — seu desejo de uma renda maior é justo – e ninguém pode contradizer tal fato –, já que tal desejo lhe foi garantido pela Providência. Sendo assim, ele pode muito bem alcançá-la sem nenhuma dor na consciência.

— Em segundo lugar, esse seu desejo de um benefício maior faz dele um homem ainda mais esforçado, um pregador mais zeloso e, portanto, um homem melhor. Sim, faz com que ele aperfeiçoe os seus talentos, o que está de acordo com a vontade de Deus.

— O terceiro ponto — disse ainda — refere-se ao fato de ele ceder à índole de seu rebanho, abandonando alguns de seus princípios para melhor servir seu povo, mostrando tratar-se de um homem de inegável desprendimento, de conduta agradável e vencedora e, consequentemente, ainda mais apto a exercer as funções do ministério.

— Concluo, então, dizendo que o pastor que troca uma renda pequena por outra maior não deve, por agir assim, ser tido como ambicioso. Muito pelo contrário, como, por conta disso, acaba aperfeiçoando seus talentos e esforços, é melhor considerá-lo como alguém que segue sua vocação, agarrando a oportunidade que se lhe apresenta de fazer o bem.

Ganancioso, no entanto, não havia acabado seu argumento: — Prosseguindo com a segunda parte de sua questão, que diz respeito ao *comerciante* que mencionou, vamos supor que esse homem disponha apenas de um emprego que lhe traga lucros muito modestos. Ao se tornar religioso, ele pode melhorar os negócios, quem sabe até mesmo arrumar uma esposa rica ou clientes mais numerosos e bem melhores para o seu comércio. Eu não vejo nenhuma razão para que isso não se faça de forma lícita. E por quê? Porque tornar-se religioso é uma virtude, sejam quais forem os motivos que o levem a fazê-lo. Tampouco é ilícito arrumar uma mulher rica ou mais clientes para o seu negócio. E, além disso, o homem que consegue tais coisas por tornar-se religioso consegue coisas boas, por meio de algo bom, tornando-se ele mesmo bom. Ou seja, tornar-se religioso para alcançar todas essas coisas é um plano bom e lucrativo.

Essa resposta do sr. Ganancioso à pergunta do sr. Interesseiro foi muito aplaudida por todos e levou-os a concluir que, no geral, tal atitude era muito sensata e vantajosa. Como os quatro homens ainda conseguiam avistar Cristão e Esperançoso e pensavam que ninguém seria capaz de refutar aquela argumentação, eles, exultantes, tramaram propor tal questão aos dois homens assim que os alcançassem, já que ambos haviam discordado do sr. Interesseiro. E, assim, começaram a chamar Cristão e Esperançoso, que pararam então de caminhar, a fim de esperar pelos quatro homens. Estes combinaram que o sr. Apego Mundano, e não o sr. Interesseiro, é quem proporia a questão a Cristão e Esperançoso, pois imaginavam que a resposta não seria tão acalorada quanto a que haviam dado a esse último ao se separarem, momentos antes.

Então, ambos os grupos se aproximaram, e, depois de breves cumprimentos, o sr. Apego Mundano propôs a questão a Cristão e seu companheiro, pedindo-lhes que respondessem, se possível.

Cristão tomou a palavra: — Mesmo uma criança no campo da religião pode responder a 10 mil perguntas como essa. Se é ilegal seguir a Cristo por filões de pão, como está escrito no livro de João, capítulo 6, ainda mais abominável é usar Cristo e a religião como pretextos para conquistar e desfrutar do mundo! Apenas pagãos, hipócritas, demônios e feiticeiros seriam capazes de ter um pensamento desses.

— Faço referência a pagãos — explicou Cristão — porque, quando Hamor e Siquém cobiçaram as filhas e o gado de Jacó e viram que não havia meio de obtê-los a não ser aceitando a circuncisão, disseram aos seus companheiros: "Se todo homem entre nós for circuncisado, assim como também são eles, não serão nossos seu gado e sua riqueza, além de todo animal que possuem?". Esses homens estavam atrás apenas das filhas e do gado de Jacó, e sua religião era o pretexto de que se utilizaram para alcançá-los. Leiam toda a história no livro de Gênesis, capítulo 34, versículos 20 a 24.

— Os fariseus hipócritas — continuou Cristão — também professavam essa mesma religião. Longas orações eram seu pretexto, mas sua intenção era tomar as casas das viúvas, e, por isso, Deus condenou-os com mais rigor em seu julgamento [Lc 20,46-47].

— Judas, o diabo, — acrescentou ele — era da mesma religião, mostrando-se religioso com a bolsa em vista e o que havia nela, mas acabou perdido, foi renegado e tornou-se o próprio filho da perdição. Simão, o feiticeiro, também praticava essa mesma fé. Fingia-se possuidor do Espírito Santo para obter dinheiro e certamente mereceu a sentença decretada por Pedro [At 8,19-22].

Em conclusão, Cristão disse ainda: — Também tenho que reiterar que o homem que abraça a religião por causa do mundo há de abandonar a religião por causa do mundo, pois, tão certo quanto Judas desejava o mundo ao tornar-se religioso, também pelo mesmo motivo vendeu a religião e seu próprio Mestre. Portanto, dar uma resposta afirmativa a essa questão, como percebo terem feito, e aceitá-la como autêntica é agir como um pagão, hipócrita e demônio, e sua recompensa será conforme são suas obras. — Então, eles ficaram parados, entreolhando-se, sem ter o que responder a Cristão. Esperançoso aprovou a sensatez do amigo, e fez-se, então, um grande silêncio entre todos eles. O sr. Interesseiro e seus companheiros diminuíram o passo e foram ficando para trás, a fim de que Cristão e Esperançoso avançassem sós. Então, Cristão falou ao companheiro: — Se esses sujeitos não conseguem suportar a sentença dos homens, o que farão diante da sentença de Deus? E, se eles se calam quando enfrentam vasos de barro, o que farão ao serem repreendidos pelas chamas de um fogo devorador?

Em seguida, Cristão e Esperançoso distanciaram-se bastante em relação aos quatro e, caminhando, chegaram a uma bela planície chamada Facilidade, por onde seguiram, muito contentes. Essa planície, no entanto, era estreita, tanto que logo chegaram ao seu fim. Alcançaram, então, o lado oposto da planície, onde havia uma pequena colina chamada Lucro e, em seu interior, uma mina de prata. Alguns dos peregrinos que haviam atravessado aquela parte do caminho no passado desviaram-se para observar melhor a mina, em virtude de sua extravagância, e acabaram aproximando-se demais da beirada do buraco, tendo morrido soterrados, por conta do solo traiçoeiro que fizera o chão ceder sob seus pés. Outros ainda acabaram mutilados, sem jamais se recuperar enquanto viveram.

Vi então, em meu sonho, que – um pouco distante da trilha, perto da mina de prata – Demas, de modo bastante cavalheiresco, convidava aqueles que por ali passavam para vê-la. Disse ele, então, a Cristão e seu companheiro: — Ei, venham até aqui, por favor, e vou mostrar-lhes algo.

— Que coisa é essa tão importante a ponto de nos desviar do caminho? — perguntou Cristão.

— Há aqui uma mina de prata, e alguns escavam sua terra em busca de riquezas. Se vierem, com pouco esforço poderão angariar um belo tesouro para vocês.

— Então — disse Esperançoso — vamos lá ver.

— Não vou — respondeu Cristão. — Já ouvi falar antes desse lugar e que muitos ali pereceram. Além disso, essas riquezas são uma cilada para aqueles que as buscam, pois por causa delas ficam para trás na peregrinação.

Em seguida, Cristão chamou Demas, dizendo-lhe: — Esse lugar não é perigoso? Não atrapalhou muitos peregrinos no caminho [Os 14,8]?

— Não é muito perigoso, a não ser para os descuidados. — No entanto, corou ao falar.

Disse, então, Cristão a Esperançoso: — Não vamos dar nem mesmo um passo em falso. Continuemos no nosso caminho.

— Posso lhe garantir que, quando Interesseiro chegar, ao ouvir o mesmo convite, não vai pensar duas vezes em sair do caminho — comentou Esperançoso.

— Sem dúvida, pois seus princípios levam-no nessa direção, e aposto cem contra um que é ali que ele perderá a vida.

Então, Demas chamou-os novamente: — Vocês não querem ver, então?

Cristão respondeu-lhe, sem rodeios: — Demas, você é um inimigo da correção do Senhor deste caminho e já foi condenado por um dos juízes de sua Majestade quando se desviou [II Tm 4,10]. Por que quer nos atrair para a mesma condenação? Além disso, se de fato nos desviarmos, nosso Senhor e Rei certamente ficará sabendo disso e nos envergonhará quando tivermos a ousadia de nos colocarmos diante dele.

Demas gritou mais uma vez, dizendo que ele também fazia parte dessa fraternidade e que, se quisessem esperar um pouco, ele mesmo caminharia com os dois.

Então, Cristão dirigiu-se novamente a ele: — Qual é o seu nome? Não é o mesmo pelo qual acabei de chamá-lo?

— Sim, meu nome é Demas. Sou filho de Abraão.

— Eu o conheço. Geazi era seu bisavô, e Judas, seu pai, e você seguiu as pegadas dos dois [II Re 5,20; Mt 26,14-15; 27,1-5]. Está usando uma cilada diabólica. Seu pai foi enforcado como traidor, e você não merece recompensa melhor. Pode estar certo de que, ao encontrarmos o Rei, havemos de retratar-Lhe esse seu comportamento. — E, assim, seguiram seu caminho.

A essa altura, Interesseiro e seus companheiros já estavam se aproximando e, ao primeiro aceno, foram ao encontro de Demas. No entanto, não sei ao certo se, ao olharem da beirada lá para dentro, acabaram caindo no buraco, se desceram para cavar ou, ainda, se morreram sufocados lá no fundo pelos gases que comumente brotam da mina. Apenas percebi que nunca mais foram vistos novamente no caminho. E, então, Cristão cantou:

Demas e Interesseiro, parte do mesmo par,
Um chama, o outro corre, pronto a lucrar
Sempre esperançoso de ganho e mais ganho,
E ambos acabam juntos nesse mundo tacanho.

Vi então que, do outro lado da planície, os peregrinos haviam chegado a um lugar onde se erguia um antigo monumento, bem ao lado do caminho. Diante de tal visão, os dois ficaram preocupados, pois, por conta de sua estranha forma, ele pareceu-lhes uma mulher transformada em pilar. E ali ficaram, pasmos, admirando a estranha figura, sem saber o que fazer por algum tempo. Por fim, Esperançoso avistou algo escrito no alto do monumento, com uma caligrafia incomum, e, não sendo erudito, chamou Cristão – já que este era culto – para ver se conseguia decifrar seu significado. Cristão aproximou-se e, depois de examinar detidamente aquelas letras, descobriu que ali lia-se o seguinte: "Lembrem-se da mulher de Ló". Leu, em seguida, a frase para o amigo, e ambos imediatamente concluíram que se tratava da coluna de sal em que se transformara a mulher de Ló por ter olhado para trás com o coração cheio de cobiça, enquanto fugia de Sodoma por sua segurança [Gn 19,26]. Diante daquela visão tão espantosa e repentina, começaram a conversar:

— Ah, meu irmão, — disse Cristão — eis aí algo oportuno, pois chega em boa hora, depois do convite que Demas nos fez de subir para ver a Colina do Lucro. Se realmente tivéssemos subido até lá como ele queria, e como você estava querendo fazer, meu irmão, certamente seríamos agora espetáculo para os que vêm depois de nós, como essa mulher.

— Sinto muito por ter sido tão tolo, e fico imaginando por que não estou agora como a mulher de Ló, pois qual a diferença entre o pecado dela e o meu? Ela apenas olhou para trás, e eu desejei ir lá ver. Adoremos a graça divina, e que eu me envergonhe sempre de um dia tal ideia ter encontrado abrigo em meu coração.

— Vamos prestar bastante atenção ao que vemos aqui, pois nos será útil no futuro. Essa mulher escapou a uma condenação, já que não morreu na ruína de Sodoma, mas acabou destruída em outra. Como podemos ver, transformou-se em um pilar de sal.

— É verdade. Que ela sirva para nós de exemplo e alerta ao mesmo tempo: alerta para que evitemos seu pecado, ou como um exemplo de que o juízo há de destruir todos aqueles que não se deixarem deter por tal alerta. Assim como também Coré, Data e Abirão, com os 250 homens que pereceram por causa do pecado deles, tornaram-se um exemplo ou alerta aos outros [Nm 26,9-10]. Mas, acima de tudo, uma coisa me espanta: como Demas e seus companheiros podem se mostrar tão confiantes na busca daquele tesouro, quando essa mulher, só por olhar para trás – já que não se lê nas Escrituras que ela tenha dado nem um passo sequer para fora do caminho –, se transformou em um pilar de sal? Especialmente porque o juízo que a destruiu, de fato, fez dela um exemplo visível do lugar onde estão eles. Afinal, para que eles a vejam, basta-lhes erguer os olhos.

— Eis aí algo realmente intrigante, que sugere que o coração desses homens tornou-se desesperado demais. Não consigo imaginar melhor paralelo à situação deles do que a história dos ladrões que roubam diante do juiz ou que furtam carteiras que encontram sob o patíbulo. Diz-se dos homens de Sodoma que eram pecadores irrecuperáveis, por pecarem diante do Senhor, ou seja, à Sua vista, apesar da bondade que Deus lhes demonstrara [Gn 13,13], já que a terra de Sodoma era como o jardim do Éden à época [Gn 13,10]. Isso, então, incitou ainda mais a ira divina e tornou o fogo de Sodoma tão ardente quanto possível ao Senhor do céu. Nada mais racional a concluir senão que aqueles que, assim como estes que vemos, pecarem à vista de Deus – apesar de todos os exemplos dados continuamente para prevenir tal atitude – certamente merecerão juízo dos mais severos.

— Sem dúvida nenhuma, você disse a verdade — concordou Esperançoso. — Mas grande é a misericórdia que nos cobre, porque nem você nem eu nos transformamos em exemplo disso, especialmente eu. Isso nos dá oportunidade de agradecer a Deus, de temê-Lo e de jamais esquecer a mulher de Ló.

CAPÍTULO XV

Cristão e Esperançoso confundem-se no caminho e caem nas mãos do gigante Desespero.

Vi, então, que seguiram seu caminho e chegaram a um rio aprazível, que o rei Davi chamou de "riacho de Deus", ao passo que João o batizou de "rio da água da vida" [Sl 65,9; Ap 22, Ez 47]. O caminho agora corria justamente às margens do rio. E, por isso, Cristão e seu companheiro caminhavam por ali com grande prazer, bebendo também de sua água, que era agradável e revigorante para seu espírito exausto. Além disso, nas margens desse rio havia árvores verdejantes que davam toda espécie de fruto e cujas folhas tinham propriedades medicinais. Com o fruto, os dois se deleitaram bastante, e comeram as folhas para evitar náuseas e outras doenças que acometem aqueles que aquecem o sangue ao viajar. Em cada margem do rio havia também um prado verdejante o ano inteiro, curiosamente adornado com lírios. Deitaram-se ali e dormiram, porque naquele lugar podiam repousar em segurança. Ao despertarem, colheram novamente os frutos das árvores e, mais uma vez, beberam da água, e deitaram-se para dormir outra vez [Sl 23,2; Is 14,30]. Assim fizeram durante vários dias e noites. Então, cantaram:

> *Eis que então as águas cristalinas brotam,*
> *E os peregrinos do caminho se confortam;*
> *Os prados verdejantes, o aroma fragrante,*
> *Com flores e frutos à mão a todo instante,*
> *Quem chega a prová-los há de tudo vender*
> *Para ter esse campo e nada disso perder.*

E, assim, quando se animaram a continuar – já que ainda não haviam chegado ao fim da jornada –, comeram e beberam, partindo em seguida.

Reparei então, em meu sonho, que logo adiante o rio e o caminho se separavam, decepcionando bastante os peregrinos. Ainda assim, ambos se mantiveram na trilha, que, agora, longe do rio, era bastante acidentada, e seus pés ficaram doloridos por conta de tanta viagem, fazendo com que seu espírito desanimasse enormemente [Nm 21,4], pois, em seu íntimo, eles desejavam um percurso mais tranquilo. Pouco adiante, viam-se, do lado esquerdo da estrada, um prado e uma escada que, passando por sobre uma muralha, conduzia rapidamente até lá. Esse prado se chamava Atalho. Cristão disse então ao companheiro: — Já que esse prado corre ao lado do nosso caminho, vamos passar para lá. — Subiu a escada para ter uma visão melhor e notou que havia outra trilha do lado oposto da muralha. — É justamente isso que desejava. Eis aqui um caminho mais fácil. Vamos, meu bom Esperançoso, passemos para o outro lado.

— Mas como, se essa trilha nos desviará do caminho?

— Nada disso — disse Cristão. — Dê uma olhada: ela não acompanha exatamente o traçado do caminho? — Então Esperançoso, convencido pelo colega, atravessou com ele a muralha, subindo pela escada. Já do outro lado, na nova trilha, viram que seus pés estavam mais aliviados e, logo depois, olhando adiante, avistaram um homem que caminhava, como eles – e seu nome era Vã Confiança. Chamaram-no e perguntaram-lhe para onde levava aquela trilha, ao que ele respondeu: — Para o Portão Celestial. — Viu só? — disse Cristão — Não tinha lhe dito? Estamos no lugar certo. — E assim seguiram, com Vã Confiança à frente. Mas não demorou a vir a noite, uma noite tão escura que aqueles que seguiam atrás perdiam de vista os que caminhavam adiante.

E Vã Confiança, que ia à frente do grupo, por não enxergar o caminho, acabou caindo em um poço profundo [Is 9,16] que fora aberto de propósito ali pelo Príncipe daquelas terras para apanhar os tolos presunçosos. Na queda, o homem se espatifou contra o fundo.

Ora, Cristão e seu companheiro ouviram-no cair e, por isso, começaram a chamá-lo para saber o que tinha acontecido e ouviram apenas um gemido como resposta. Disse, então, Esperançoso: — Onde estamos agora? — E seguia-se apenas silêncio de seu amigo, que suspeitava terem se desviado do caminho. E começava também a chover. Trovões e relâmpagos foram ouvidos logo depois, e a água passou a subir rapidamente, formando um cenário muito assustador.

Esperançoso, então, lamentou-se, dizendo: — Ah, se eu tivesse me mantido no meu caminho!

— Quem poderia imaginar que essa trilha nos desviaria do caminho correto? — retrucou Cristão.

— Temia isso desde o começo, por isso alertei-o gentilmente. Deveria ter sido mais incisivo, mas você é mais velho do que eu. — respondeu Esperançoso.

— Meu bom irmão, não se ofenda, por favor. Sinto muito por tê-lo afastado do caminho e posto você em perigo tão grande. Peço que me perdoe, meu amigo. Minhas intenções não eram más.

— Pode ficar sossegado, meu irmão, pois eu o perdoo. Creia-me, tudo isso será para nosso bem.

— Fico feliz por ter comigo um amigo misericordioso, mas não podemos ficar aqui parados, temos que tentar voltar.

— Mas, meu bom irmão, deixe-me ir à frente.

— Não, por favor, deixe-me seguir adiante, pois, se houver qualquer perigo, quero ser o primeiro a cair, por ter sido por minha causa que nós dois nos desviamos do caminho.

— Não. — respondeu Esperançoso. — Você não pode ir à frente, pois, como está com a mente perturbada, é capaz de acabar saindo novamente do caminho. — Então, para que tomassem coragem, ouviram uma voz que dizia: "Que seu coração se volte à trilha, ao caminho que você percorreu; volte para trás [Jr 31,21]". Mas, a essa altura, as águas já haviam subido bastante, e, por isso, o caminho de volta tornara-se bastante perigoso. (E eu pensei então que é mais fácil sair do caminho quando estamos nele do que voltar quando estamos fora.) Ainda assim, arriscaram-se a voltar, mas as trevas eram tão densas, e as águas iam tão altas que, durante o percurso de volta, quase se afogaram nove ou dez vezes.

E, mesmo com todas as habilidades que tinham, não conseguiram alcançar novamente a escada naquela mesma noite. Por isso, parando sob um pequeno abrigo, sentaram-se ali para aguardar o raiar do dia, mas, como estavam exaustos, adormeceram. Não pararam muito longe do lugar onde se erguia um castelo, chamado Castelo da Dúvida, cujo dono era o gigante Desespero. E era justamente nas terras desse gigante que os peregrinos acabaram dormindo. Ora, o gigante, tendo se levantado de manhã bem cedo, foi caminhar pelos campos e encontrou Cristão e Esperançoso adormecidos em sua propriedade. Então, com uma voz muito séria e zangada, acordou os dois, perguntando-lhes de onde vinham e o que faziam em suas terras. Eles responderam que eram peregrinos e que haviam se perdido no caminho. Respondeu o gigante: — Vocês invadiram minha propriedade nesta noite, vagando pelas minhas terras e nelas se deitando. Por isso, agora devem vir comigo. — Foram forçados a acompanhá-lo, pois o gigante era mais forte do que os dois. E tinham pouco a dizer, pois sabiam que estavam errados. E, assim, o gigante conduziu-os diante dele, levando-os até seu castelo e trancando-os em uma masmorra muito escura, sórdida e fétida ao espírito daqueles dois homens [Sl 88,18]. Ali ficaram da manhã de uma quarta-feira até a noite do sábado, sem sequer uma migalha de pão nem uma gota d'água, sem nenhuma luz nem alguém que viesse saber como estavam. Viam-se, portanto, em maus lençóis, longe de seus amigos e conhecidos. E Cristão sentia-se duplamente soturno naquele lugar, pois fora por conta de seu imprudente conselho que haviam acabado naquele tormento.

Ora, o gigante Desespero tinha uma mulher, e seu nome era Desconfiança. E ele, ao ir para a cama, contou à mulher o que fizera: que havia trazido dois prisioneiros e os lançara na masmorra, por terem invadido sua propriedade. Perguntou-lhe, então, o que deveria fazer com eles. Ela quis saber quem eram eles, de onde vinham e para onde iam, e ele respondeu. Em seguida, a mulher aconselhou-o a, na manhã seguinte, espancá-los sem um pingo de misericórdia. E, assim, ao se levantar pela manhã, o gigante tomou uma terrível clava de macieira e desceu à masmorra. Lá chegando, primeiro repreendeu-os com muita raiva, como se os dois fossem cães, embora eles jamais lhe tivessem dito uma só palavra ofensiva. Em seguida, recaiu sobre eles, espancando-os com violência, de tal modo que não conseguiram ajudar um ao outro nem se erguer do chão. Finda a sua punição, o gigante saiu e deixou-os condoendo-se de sua miséria e lamentando a sua aflição. E, assim, passaram o dia inteiro entre suspiros e penosos lamentos. Na noite seguinte, a mulher voltou a falar com o marido acerca dos prisioneiros e, ao saber que continuavam vivos, instruiu-o a aconselhá-los a se matar. E, então, de manhã bem cedo, o gigante, tão irado quanto antes, desceu até a masmorra e, notando que os homens estavam muito feridos com a sova que lhes dera no dia anterior, disse-lhes que sua única saída – visto que seria improvável que chegassem a escapar daquele lugar – seria dar cabo da própria vida, fosse com uma faca, fosse com um cabresto ou veneno, perguntando-lhes o porquê de escolher viver, posto que aquela existência era tão cheia de amargura. Os homens, no entanto, pediram-lhe que os deixasse ir. Ao ouvir tal pedido, ele lançou-lhes um olhar terrível, partiu para cima deles e certamente teria acabado com a vida de ambos, não tivesse, naquele mesmo instante, um de seus ataques – pois, às vezes, em dias de sol, ele sofria daqueles acessos –, perdendo o controle das mãos por algum tempo. Por isso, recuou e permitiu aos prisioneiros que pensassem se iriam acatar o conselho dele ou não. E, assim, os dois começaram a conversar:

— Meu irmão, que havemos de fazer? — perguntou Cristão. — A vida que agora vivemos é miserável. De minha parte, não sei se é melhor viver assim ou morrer de vez. "Minha alma prefere o estrangulamento à vida", e a sepultura é para mim mais fácil de suportar do que esta masmorra [Jó 7,15]. Devemos aceitar o conselho do gigante?

— Certamente nossa condição atual é terrível, e a morte me seria muito mais bem-vinda do que viver dessa forma para sempre. Mas, ainda assim, devemos considerar o que o Senhor do país para onde vamos nos disse, "não matarás", ou seja, não tirarás jamais a vida de outra pessoa. Se assim é, somos proibidos de aceitar o conselho de tirar a nossa própria vida. Além disso, aquele que mata um outro homem pode, no máximo, assassinar o corpo dele, ao passo que matar a si mesmo é matar o corpo e a alma de uma só vez. E tem mais, meu irmão, você falou de ser mais fácil a sepultura, mas por acaso se esqueceu do inferno para onde, com certeza, vão os assassinos? "Pois nenhum assassino terá a vida eterna." Não devemos nos esquecer de que a lei não se acha nas mãos do gigante Desespero. Até onde posso ver, assim como nós, muitos outros também foram pegos por ele, mas conseguiram escapar de suas garras. Quem sabe o Deus que criou o mundo não poderá causar a morte do gigante Desespero? Ou, então, uma hora ou outra, ele talvez se esqueça de trancar a porta. Ou talvez lhe ocorra, em pouco tempo, um outro de seus ataques na nossa frente que o faça perder de vez o controle de seus membros. E, se algum dia isso vier a acontecer novamente, estou decidido a criar coragem e usar de todos os meios possíveis para tentar escapar de suas garras. Fui um tolo por não ter tentado isso antes, mas, seja como for, meu irmão, tenhamos paciência e aguentemos mais um pouco. O tempo pode nos ofertar uma feliz libertação, contanto que não nos tornemos nossos próprios assassinos. — Com essas palavras, Esperançoso de fato conseguiu acalmar a mente de seu irmão, e, assim, continuaram juntos, no escuro, durante todo o dia, em sua triste e lastimável condição.

Ora, à tarde, o gigante voltou à masmorra para ver se os prisioneiros haviam acatado seu conselho. Lá chegando, porém, encontrou-os vivos, e, de fato, por muito pouco ainda viviam, já que, devido à falta de pão e de água e em função dos ferimentos recebidos quando os espancara, mal conseguiam respirar. Mas, ao encontrá-los vivos, ele se enfureceu de tal forma que lhes disse que, por terem desobedecido ao seu conselho, melhor teria sido que jamais tivessem nascido.

Diante de tais palavras, ambos estremeceram, e acredito que Cristão chegou até mesmo a desmaiar. Voltando a si, porém, os dois homens tornaram a falar sobre o conselho do gigante e se seria melhor aceitá-lo ou não. Mais uma vez, Cristão mostrava-se disposto a acatá-lo, mas Esperançoso deu-lhe uma segunda resposta, dizendo:

— Meu irmão, — disse ele — não está se lembrando de como foi corajoso até aqui? Apolion não conseguiu esmagá-lo, tampouco fez com que esmorecesse tudo o que ouviu, viu ou sentiu no Vale da Sombra da Morte. Veja por quanta dificuldade, terror e assombro você já passou! E agora só é capaz de demonstrar medo! Você não vê que eu, que sou muito mais fraco, também estou neste calabouço com você? Além disso, esse gigante me feriu tanto quanto a você e me negou pão e água, e, como você, lamento estar aqui, na escuridão. Mas vamos ter um pouco mais de paciência; lembre-se de como se portou na Feira das Vaidades, sem mostrar medo diante das correntes, nem da prisão, nem ao menos da morte sangrenta. Portanto, aguentemos – pelo menos para evitar a vergonha que não convém a um cristão – com paciência, tanto quanto pudermos.

E, assim, chegando mais uma vez a noite, e estando o Gigante e sua esposa na cama, ela perguntou-lhe acerca dos prisioneiros e se haviam aceitado seu conselho. E ele respondeu-lhe: — São uns safados teimosos. Preferem aguentar todo tipo de sofrimento a se matar. — Então, respondeu ela: — Leve-os amanhã ao pátio do castelo e mostre-lhes os ossos e crânios daqueles que você já matou, convencendo-os, assim, de que, antes do fim da semana, você os deixará em pedaços, como fez com seus companheiros antes deles.

E, assim, ao romper da manhã, o gigante foi vê-los mais uma vez e levou-os até o pátio do castelo. Ali, mostrou-lhes o que sua mulher lhe pedira. — Esses aí — disse ele — também foram, um dia, peregrinos como vocês, e invadiram minhas terras. Quando achei que era hora, despedacei-os. Farei o mesmo com vocês dentro de dez dias. Agora, voltem à sua cela. — E conduziu-os, sob pancadas, de volta à masmorra. Durante todo o sábado, lá ficaram eles entregues às suas lamentações, como antes. E, chegada a noite, já estando a sra. Desconfiança e seu marido na cama, eles voltaram a falar sobre os prisioneiros. O velho gigante admirava-se que nem com pancadas nem com seus conselhos conseguira dar cabo deles. E, ouvindo-o lamentar-se, respondeu-lhe a mulher: — Temo que eles ainda tenham esperança de que alguém venha libertá-los ou que tenham consigo alguma chave falsa com que pretendem fugir. — Acha isso possível, minha querida? — disse o Gigante. — Pois, então, amanhã de manhã vou revistá-los.

Ora, naquele mesmo sábado, por volta da meia-noite, Cristão e Esperançoso começaram a orar e assim continuaram até quase o raiar do dia.

Pouco antes do nascer do sol, o bom Cristão, meio espantado, irrompeu em um discurso entusiasmado: — Como fui tolo — disse ele — em permanecer aqui nesta Masmorra fétida, quando poderia muito bem andar em liberdade! Trago no peito uma Chave, chamada Promessa, que, tenho certeza, abrirá qualquer fechadura do Castelo da Dúvida. — E, então, Esperançoso exclamou: — Que boa notícia, meu irmão! Tire-a, pois, do peito e experimente.

E foi o que Cristão fez: agarrou-a e, com ela, tentou abrir a porta da Masmorra, cujo ferrolho cedeu assim que ele virou a Chave, abrindo-se com facilidade. Ambos dirigiram-se, em seguida, até a porta que levava ao pátio do Castelo e, com sua Chave, abriram-na da mesma forma. Chegaram, então, ao Portão de ferro, pois também deveriam abri-lo e, mesmo que a Fechadura estivesse emperrada, conseguiram destrancá-la. Empurraram, então, o Portão para escapar sem demora, mas, ao abrirem-no, as dobradiças rangeram de tal forma que o gigante Desespero acordou. Levantando-se às pressas para perseguir seus prisioneiros, sentiu falharem seus membros – por ter-lhe acometido um novo ataque – e não conseguiu, de forma nenhuma, sair ao encalço deles. Os dois homens continuaram a correr e chegaram novamente à estrada do Rei, sentindo-se finalmente em segurança, já que se encontravam fora das terras do gigante.

Depois de voltarem ao caminho pela escada, começaram a pensar no que deveriam fazer para impedir que outros peregrinos caíssem nas mãos do gigante Desespero. Concordaram, então, em erigir ali uma coluna, gravando em um dos lados a inscrição "Esta escada leva ao Castelo da Dúvida, guardado pelo gigante Desespero, que despreza o Rei da Cidade Celestial e busca destruir seus santos peregrinos". E, assim, muitos daqueles que por ali passaram mais tarde leram o que estava escrito e escaparam do perigo. Terminada essa tarefa, cantaram como segue:

> *Desviando-nos, um solo proibido encontramos,*
> *E nele caminhando muito sofrer vivenciamos;*
> *Àqueles que depois vierem, muito cuidado,*
> *Não façam como nós, pois já está avisado.*
> *E não se metam naquele terrível vespeiro,*
> *O castelo da Dúvida, do gigante Desespero.*

CAPÍTULO XVI

Os peregrinos são recebidos pelos pastores das Montanhas Aprazíveis.

Seguiram, então, até chegar às Montanhas Aprazíveis, terras pertencentes ao Senhor da encosta, de que já falamos lá atrás, e escalaram-nas para ver os jardins e os pomares, os vinhedos e as nascentes, onde também beberam e se banharam, comendo livremente do fruto das vinhas. Encontravam-se agora no topo dessas montanhas alguns pastores, que davam de comer a seus rebanhos, bem ao lado da estrada. E, assim, os peregrinos foram encontrá-los, apoiados em seus cajados – como é comum aos peregrinos exaustos, quando param para conversar com alguém pelo caminho –, e perguntaram-lhes: — De quem são estas Montanhas Aprazíveis? E as ovelhas que nelas pastam?

— Estas montanhas são a Terra de Emanuel — respondeu um dos Pastores — e podem ser vistas de sua cidade. As ovelhas também pertencem a ele, que por elas deu a própria vida [Jo 10,11].

— E é este o caminho para a Cidade Celestial? — perguntou Cristão.

— Vocês estão no caminho certo.

— Quanto falta ainda para lá chegar?

— Muito, quando se trata de uma pessoa qualquer, mas bem pouco para aqueles que de fato lá chegarão.

— O caminho é seguro ou perigoso?

— Seguro para aqueles para quem deve ser seguro, mas "os transgressores nele cairão [Os 14,9]".

— E, por acaso, há neste lugar algum alívio para peregrinos exaustos e abatidos?

— O Senhor destas montanhas nos deu a missão, instruindo-nos a não esquecer de tratar bem os estrangeiros, e, assim, tudo o que há de bom neste lugar é para vocês [Hb 13,1-2].

Vi também, em meu sonho, que, quando os Pastores notaram que ambos eram peregrinos, propuseram-lhes algumas questões a que os dois já haviam respondido em outros lugares, respondendo-lhes de onde vinham, como haviam entrado no caminho e de que modo conseguiram chegar até ali, já que poucos daqueles que começavam essa jornada conseguiam alcançar aquelas montanhas. Mas, ao ouvirem as respostas, os Pastores, bastante maravilhados, olharam os dois com carinho e disseram: — Bem-vindos às Montanhas Aprazíveis.

Os Pastores, cujos nomes eram Conhecimento, Experiência, Vigia e Sinceridade, tomaram os dois peregrinos pela mão e levaram-nos até suas tendas, compartilhando com eles daquilo que tinham à disposição. Além disso, disseram: — Gostaríamos que vocês ficassem aqui por algum tempo, para nos conhecermos melhor e para que vocês se consolem com as boas coisas destas Montanhas Aprazíveis. — Os peregrinos disseram-lhes que ficariam muito contentes em ficar. E, em seguida, recolheram-se para dormir, pois já era bem tarde.

Vi então, em meu sonho, que, pela manhã, os Pastores chamaram Cristão e Esperançoso para caminhar com eles pelas montanhas. E, assim, os dois peregrinos acompanharam-nos e passearam um pouco, admirando paisagens agradáveis por todos os lados. E os Pastores comentavam entre si: — Será que devemos mostrar algumas maravilhas a estes peregrinos? — Concluindo que sim, levaram-nos primeiro até o cimo de uma colina chamada Erro, que era bastante íngreme no lado oposto, e pediram-lhes que olhassem para o precipício. Ao fazerem-no, Cristão e Esperançoso viram lá embaixo vários homens despedaçados por conta da queda que sofreram, tendo caído do topo. Então, Cristão questionou-lhes: — O que significa isso? — E os Pastores responderam: — Nunca ouviram falar daqueles que foram levados ao erro por dar ouvidos a Himeneu e Fileto no que concerne à fé na ressurreição do corpo [II Tm 2,17-18]? — E os dois responderam: — Sim. — Então, continuaram os pastores: — Pois esses que veem despedaçados lá no fundo do precipício são eles. Como já perceberam, até hoje continuam insepultos, como exemplo para os outros, a fim de que tomem cuidado ao chegar muito alto ou ao aproximar-se demais do precipício desta montanha.

Vi, em seguida, que os levaram até o pico de uma outra montanha, chamada Cautela. Ali pediram-lhes que olhassem ao longe, o que fizeram. Avistaram, então, como imaginaram que o fariam, inúmeros homens que perambulavam entre os túmulos que ali havia. Perceberam que eles eram cegos, pois às vezes tropeçavam nas sepulturas, sem jamais conseguirem se afastar delas. — E isto, o que significa? — indagou Cristão.

Responderam, então, os Pastores: — Vocês não chegaram a ver, um pouco abaixo destas montanhas, uma escada que conduz até um prado, à esquerda do caminho? — Sim. — responderam os dois, ao que os Pastores lhes disseram: — Dessa escada segue uma trilha que leva diretamente ao Castelo da Dúvida, guardado pelo gigante Desespero, e esses homens — continuaram, apontando os sujeitos que perambulavam por entre os túmulos — também eram peregrinos, como vocês, até chegarem àquela escada. Por ser o caminho correto mais acidentado naquele trecho, preferiram desviar-se e entrar no prado e, ali, foram pegos pelo gigante Desespero e atirados no Castelo da Dúvida. Depois de permanecerem algum tempo na masmorra, foram por fim cegados e levados a esses túmulos, onde até hoje perambulam, perdidos, tudo para que se cumprisse o ditado do sábio, "aquele que se afasta do caminho da sensatez permanecerá na companhia dos mortos [Pr 21,16]". — Então, Cristão e Esperançoso entreolharam-se com os olhos cheios de lágrimas, mas nada disseram aos Pastores.

Vi também, em meu sonho, que os Pastores ainda os levaram a um outro lugar, em um vale, onde se via uma porta na encosta de uma colina. Abriram a porta e pediram aos peregrinos que olhassem lá dentro. Ao fazerem-no, eles viram que o interior era escuro e cheio de fumaça e imaginaram ouvir um ruído constante, parecido com o crepitar do fogo, e gritos de homens atormentados, e subiu-lhes às narinas um cheiro de enxofre. E logo quis saber Cristão: — O que significa isto? — E os Pastores responderam-lhe: — Este é um atalho para o inferno, o caminho que tomam os hipócritas; gente que, como Esaú, vende seus direitos de nascença, gente como Judas, que vende o próprio Mestre, gente que blasfema o evangelho, como Alexandre, e gente que mente e dissimula, como Ananias e Safira, sua mulher.

Então, Esperançoso perguntou aos Pastores: — Vejo que todos eles tinham, assim como nós, a aparência de peregrinos, não?

— Sim, e mantiveram-na por longo tempo.

— E até que ponto puderam seguir na peregrinação antes de se perderem assim, de uma maneira tão lamentável?

— Alguns foram muito além destas montanhas, mas outros nem sequer chegaram até aqui.

Então, os peregrinos disseram um ao outro: — Precisamos clamar ao Todo-Poderoso por Sua força.

— Sim, e precisam usá-la enquanto estiver disponível.

A essa altura, os peregrinos mostraram que gostariam de prosseguir, e os Pastores concordaram com eles. Juntos, caminharam até o limite das montanhas. E, então, os Pastores comentaram entre si: — Daqui, vamos mostrar aos peregrinos os portões da Cidade Celestial. Vejamos se eles são capazes de usar nosso telescópio. — Os dois aceitaram com prazer o convite. Assim, foram levados ao topo de uma colina muito alta, chamada Transparência, onde passaram-lhes um telescópio.

Eles, então, tentaram usá-lo para olhar ao longe, mas a lembrança da última coisa que os Pastores lhes mostraram fez tremer suas mãos. Sem poderem segurar com firmeza o telescópio, não conseguiram uma imagem nítida, mas, ainda assim, avistaram algo parecido com um portão, e também vislumbres da glória do lugar. E, preparando-se para partir, começaram a cantar:

E, assim, foi pelos Pastores o segredo revelado
Que dos outros homens continua ignorado.
Busque então tais senhores quem quiser ver
E coisas ocultas e profundas há de conhecer.

No entanto, quando estavam a ponto de partir, um dos Pastores ofereceu-lhes um mapa do caminho que ainda lhes restava. O segundo preveniu-lhes acerca de um tal Adulador. O terceiro recomendou-lhes não dormir sobre o Solo Encantado. E o quarto, por fim, desejou-lhes boa sorte. E foi então que despertei do meu sonho.

CAPÍTULO XVII

Os peregrinos encontram-se com Ignorância. Relato do sequestro de Pouca-fé. Cristão e Esperançoso são pegos na rede.

Adormeci novamente e voltei a sonhar. Vi, então, os mesmos dois peregrinos descendo as montanhas, pelo caminho que levava à cidade. Ora, pouco além dessas montanhas, no vale à esquerda, ficava o país da Presunção, de onde se via uma alameda sinuosa que cruzava o caminho dos peregrinos. Encontraram ali um rapaz muito enérgico que vinha desse país, cujo nome era Ignorância. Cristão perguntou-lhe de onde vinha e para onde seguia.

— Meu senhor, nasci no país que fica logo ali, levemente à esquerda de onde nos encontramos, e estou a caminho da Cidade Celestial. — respondeu Ignorância.

— Mas como pensa chegar até o portão? Pergunto por que deve encontrar certos obstáculos até lá.

— Ora, como todo mundo faz.

— Mas o que você tem a mostrar diante do portão para que ele lhe seja aberto?

— Sei da vontade do meu Senhor e tenho sido uma pessoa honrada. Dou a cada homem o que lhe é de direito, oro, jejuo, pago o dízimo, dou esmolas e deixei minha terra em busca desse lugar para onde me dirijo.

— Mas você não veio pela porta estreita que marca o início do caminho. Você chegou até aqui pr essa alameda sinuosa, e, por isso, independentemente do que pensa a seu próprio respeito, quando chegar o dia fatídico, receio que venha a ser acusado de ladrão e bandido em vez de ser admitido na cidade.

— Ora, cavalheiros, vocês são completos estranhos para mim. Eu não os conheço. Contentem-se em seguir a religião da sua terra, que eu seguirei a religião da minha. Espero que tudo acabe bem. E, quanto à porta de que você falou, todo mundo sabe que fica muito longe da nossa terra. Não creio que homem nenhum nesta vizinhança sequer tenha conhecimento do caminho que leva até lá, e pouco importa se o conhecem ou não, pois temos, como vocês podem ver, uma bela e agradável alameda verdejante que vem do nosso país até o caminho, um atalho bastante conveniente.

Quando Cristão percebeu que o homem se considerava "um sábio de acordo com seus próprios conceitos", sussurrou a Esperançoso: — "Há mais esperança para um tolo do que para ele [Pr 26,12]." — E acrescentou: — "Quando o tolo anda pelo caminho, sua sabedoria há de enganá-lo, mostrando a todos que é realmente tolo [Ecl 10,3]". O que devemos fazer então? Conversamos com ele mais um pouco ou o deixamos aqui, pensando no que ouviu até o momento presente, voltando a procurá-lo mais tarde para ver se, pouco a pouco, podemos lhe fazer algum bem? — Esperançoso, então, respondeu:

Que Ignorância medite com mais tento
E, ao que lhe disseram, fique atento,
O bom conselho esteja pronto a escutar,
Percebendo o real objetivo a conquistar.
Disse Deus que aquele que não tem juízo,
Mesmo por Ele criado, não verá o Paraíso.

E, depois, acrescentou: — Não creio que seja bom dizer-lhe tudo de uma só vez. Melhor deixá-lo para trás, por enquanto, e conversar com ele mais tarde, de acordo com o que ele for "capaz de absorver".

E, assim, os dois voltaram a caminhar, com Ignorância seguindo-os mais atrás. Quando já estavam a certa distância do rapaz, entraram em uma alameda bastante escura, na qual encontraram um homem que fora amarrado com sete cordas muito fortes, por sete demônios, que o arrastavam para a porta que os peregrinos viram na encosta da colina [Mt 12,45; Pr 5,22]. Nesse momento, o bom Cristão começou a tremer, e Esperançoso, seu companheiro. Ainda assim, como os demônios continuavam a arrastar o homem, Cristão quis ver se o conhecia, pois pensou ser um certo Desviado, que morava na cidade de Apostasia. No entanto, não pôde ver seu rosto com clareza, pois o homem mantinha a cabeça baixa, como um ladrão pego em flagrante. Mas, ao passar por ele, Esperançoso virou-se e enxergou nas costas do homem um cartaz com a inscrição: "Professor libertino e apóstata condenável". E, então, Cristão disse ao amigo: — Agora estou me lembrando de algo que me disseram ter acontecido com um bom homem desta vizinhança. Chamava-se Pouca-Fé, mas era gentil e morava no vilarejo de Sinceridade. Ouça só o que ocorreu. "Na entrada dessa passagem, há uma alameda que vem diretamente da Porta Larga, cujo nome é Alameda dos Mortos, por conta dos assassinatos comuns por ali. Esse tal Pouca-Fé saiu em peregrinação, assim como nós, e sentou-se ali para descansar, onde acabou adormecendo. Naquele mesmo instante, desciam pela alameda, através da Porta Larga, três bandidos muito fortes, cujos nomes eram Covardia, Descrença e Culpa, todos irmãos, e, logo que viram Pouca-Fé, apertaram o passo para chegar até ele. O bom homem acabava, então, de despertar do sono e já começava a se levantar para retomar seu caminho. Mas os bandidos cercaram-no e, ameaçando-o com insultos, fizeram-no parar onde estava. Pouca-Fé ficou branco como cera, sem forças para lutar ou fugir. Covardia gritou-lhe então: 'Passe a bolsa!'. Como Pouca-Fé relutava em entregá-la – já que não queria perder seu dinheiro –, Descrença aproximou-se dele e, metendo a mão no bolso do homem, arrancou-lhe uma trouxinha cheia de prata. E, assim, Pouca-Fé, começou a gritar: 'Ladrões! Ladrões!'. Por conta disso, Culpa, levantando o enorme porrete que tinha nas mãos, acertou Pouca-Fé na cabeça, e com o golpe deixou-o estirado no chão, onde ficou sangrando, como prestes a morrer, com os bandidos parados ao seu redor. No entanto, quando os três perceberam que vinha alguém pela estrada – e temendo ser Cheio-de-Graça, um famoso morador da cidade de Boa Confiança –, logo trataram de fugir, deixando o bom homem entregue à própria sorte. Ora, depois de um certo tempo, Pouca-Fé voltou a si e, pondo-se de pé, saiu cambaleando pelo caminho." E essa é toda a história.

— Mas então tomaram-lhe tudo o que tinha? — perguntou Esperançoso.

— Não, porque o lugar onde guardava suas joias nunca foi surrupiado, então ele conseguiu mantê-las. Mas o bom homem ficou muito angustiado com essa perda, já que os ladrões levaram a maior parte de seu dinheiro para as despesas do dia a dia. Apenas não tinham levado suas joias – como já disse –, mas restava-lhe pouco dinheiro, tão pouco que não seria capaz de sustentá-lo até o fim da viagem [I Pd 4,18]. Se não me engano, ele foi forçado a mendigar para ter o que comer enquanto viajava, já que não podia vender as joias. Mas, mesmo mendigando e fazendo todo o possível, seguiu de estômago vazio durante a maior parte do restante da viagem.

— Não é incrível que não lhe tivessem roubado seu tesouro, com o qual seria admitido no Portão Celestial?

— É realmente incrível, mas de fato não o levaram. No entanto, não foi por conta da astúcia do homem que os bandidos deixaram de fazê-lo, já que Pouca-Fé ficara tão apavorado com a chegada dos bandidos que não tinha forças nem habilidade para lhes esconder nada. Por isso, foi mais por conta da boa Providência do que por seus esforços que os ladrões não levaram esse tesouro.

— Mas, para ele, deve ter sido um consolo o fato de não lhe terem tirado suas joias.

— Poderia ter sido um grande consolo para ele, se as tivesse usado como deveria, mas quem me contou essa história disse que ele mal se aproveitou delas durante o resto da viagem, pelo medo com que ficou por causa daquele assalto. Na verdade, ele acabou se esquecendo de que as tinha consigo durante grande parte do resto da jornada. E, além disso, sempre que se lembrava delas, encontrando consolo, novamente lhe assaltavam as lembranças da perda, e tais pensamentos engoliam todo o resto [I Pd 1,9].

— Pobre coitado! — lamentou Esperançoso. — Com certeza, tudo isso era bastante angustiante para ele.

— Angustiante? Certamente que sim! E nós também não sentiríamos o mesmo se tivéssemos a mesma sorte dele? Roubados e feridos, e em lugar estranho? É de admirar que não tenha morrido de angústia, o infeliz! Contaram-me que ele passou praticamente todo o resto da jornada entre resmungos aflitos e amargurados. Também contava a todos que o alcançavam, ou que ele encontrava pelo caminho, onde fora roubado e como, quem eram os ladrões, o que levaram dele e que havia sido ferido quase fatalmente.

— Fico maravilhado com o fato de que suas necessidades não o tenham levado a vender ou empenhar algumas de suas joias, para que assim tivesse com o que viver durante a viagem.

— Você fala como quem continua com a casca sobre a cabeça! E em troca de quê ele iria empenhá-las, para quem as venderia? Na terra onde foi roubado, suas joias de nada valiam, e ele tampouco procurava qualquer alívio que viesse delas. Além do mais, se lhe faltassem as joias diante do portão da Cidade Celestial, certamente – e disso ele sabia muito bem – perderia o direito a qualquer herança ali, o que seria muito pior para ele do que o assalto e a vilania de 10 mil ladrões.

— Por que está tão azedo, meu irmão? — Esperançoso perguntou a Cristão. — Esaú vendeu seu direito de nascença por uma tigela de sopa, e tal direito era a sua maior joia. Mas, se ele o fez, por que Pouca-Fé também não poderia fazê-lo [Hb 12,16]?

— Esaú, de fato, vendeu seu direito de nascença, assim como muitos outros, e, ao fazerem-no, todos foram excluídos da bênção maior, como se deu com aquele infeliz. Mas é preciso fazer uma distinção entre Esaú e Pouca-Fé, e entre seus bens. O direito de nascença de Esaú era-lhe natural, mas não as joias de Pouca-Fé. O estômago de Esaú era seu deus, mas esse não era o caso de Pouca-Fé. Esaú entregava-se aos apetites da carne, mas não Pouca-Fé. Além disso, Esaú não conseguia enxergar além da satisfação de seus desejos. "Estou a ponto de morrer", disse ele, "de que me adianta esse direito de nascença [Gn 25,32]?" Pouca-Fé, no entanto, embora fosse seu destino não contar com fé em abundância, mesmo a que tinha livrava-o de tais extravagâncias, fazendo com que valorizasse suas joias a ponto de jamais querer vendê-las, diferentemente do que fez Esaú com seu direito de nascença. Não se lê em lugar nenhum que Esaú tivesse fé, nem mesmo pequena, e, por isso, não é de admirar que, onde apenas a carne domina – como acontece nos homens que não têm fé para resistir-lhe –, ele tenha vendido seu direito, sua alma e tudo o que tinha, e para ninguém mais que o próprio demônio dos infernos, pois esse tipo de homem é como o jumento, que não pode ser movido [Jr 2,24]. Quando sua mente se concentra nas paixões, eles as satisfazem, não importando o custo. Mas Pouca-Fé tinha outra índole, em sua mente habitavam as coisas do alto, seu modo de vida baseava-se em coisas espirituais. Assim, com que propósito um homem com esse caráter venderia as suas joias – caso houvesse alguém que as comprasse – para encher sua mente de coisas vazias? Um homem é capaz de gastar um único centavo para encher o estômago de feno? É possível convencer o pardal a viver de carniça, como o urubu? Mesmo que os infiéis, por paixões carnais, sejam capazes de penhorar, hipotecar ou vender, sem titubear, tudo o que têm ou a si mesmos, aqueles que têm fé, a fé redentora, mesmo pouca, jamais o fariam. Eis, portanto, o seu erro, meu irmão.

— E eu o admito, mas, ainda assim, sua reflexão severa quase me deixou zangado.

— Ora, não fiz nada além de compará-lo a um passarinho dos mais vivos, desses que correm para todo lado em trilhas virgens com a casca do ovo ainda grudada à cabeça. Deixe isso de lado e pense na questão em debate, e tudo ficará bem entre nós dois.

— Mas, Cristão, acredito piamente que esses três homens não passam de uns covardes. Se não o fossem, você acha que eles fugiriam, como fizeram, ao perceberem que vinha alguém pela estrada? Por que Pouca-Fé não criou mais coragem? Ele bem que poderia, acho eu, ter enfrentado os bandidos, cedendo apenas quando já não houvesse remédio.

— Que eles são uns covardes muitos já disseram, mas poucos pensam assim na hora da provação. Quanto à coragem, isso é algo que

Pouca-Fé simplesmente não tinha. E, na verdade, meu irmão, acho que, se você estivesse na mesma situação que ele, também não ofereceria muita resistência. De fato, se, agora que eles estão longe de nós, você demonstra tamanha disposição, talvez eles o forçassem a pensar duas vezes caso aparecessem na sua frente, como aconteceu àquele homem.

— Mas, pense novamente, — continuou Cristão — esses três não passam de ladrões, que servem ao rei do abismo sem fundo, e, se necessário, seu próprio rei haverá de sair em defesa deles, com uma voz igual à de um leão rugidor [I Pd 5,8]. Eu mesmo me vi em situação semelhante à de Pouca-Fé, e foi horrível. Esses três vilões me cercaram e, quando tentei resistir, como bom cristão, gritaram por seu senhor, que apareceu imediatamente. Estive a ponto de, como diz o ditado, entregar minha alma por um tostão, mas, graças a Deus, portava uma armadura reforçada. E, mesmo sob essa proteção, achei difícil agir como homem. Só quem já experimentou essa batalha é capaz de dizer o que nos acontece nesse combate.

— Ora, mas eles correram, veja só, simplesmente por supor que o tal Cheio-de-Graça se aproximava.

— É verdade. Eles muitas vezes fogem, tanto eles quanto o seu senhor, diante do mero surgimento de Cheio-de-Graça. Mas não é de admirar, pois trata-se do campeão do Rei. Mas imagino que você será capaz de ver alguma diferença entre Pouca-Fé e o campeão do Rei. Nem todos os súditos do Rei são seus campeões, tampouco, quando postos à prova, são capazes de fazer proezas de guerra como ele. Seria correto supor que uma criancinha poderia vencer Golias, como fez Davi? Ou que um passarinho tenha a mesma força de um boi? Alguns são fortes, outros fracos; alguns têm muita fé, outros, pouca. Esse homem era um dos fracos e, por isso, sucumbiu.

— Quem dera fosse realmente Cheio-de-Graça quem apareceu.

— Se fosse ele, certamente não teria tido pouco trabalho. Pois devo dizer-lhe que, mesmo sendo Cheio-de-Graça exímio com as suas armas e que sempre se saía bem quando se mantém no ataque, se eles conseguem superar-lhe as defesas – mesmo sendo Covardia, Descrença ou o outro – a luta certamente fica acirrada, e é capaz que eles o derrubem. E, quando um homem está no chão, que pode ele fazer?

— Quem examinar de perto o rosto de Cheio-de-Graça — continuou Cristão — há de ver as cicatrizes e os cortes que claramente demonstram o que acabei de dizer. Sim, ouvi falar, certa vez, que ele chegou a dizer – e isso em meio ao combate: "Perdemos a esperança mesmo na vida". Como é que esses pilantras corpulentos e seus capangas fizeram Davi gemer, lamentar e urrar? Pois também Hemã e Ezequias, embora campeões em seu tempo, foram forçados a lutar desesperadamente ao serem atacados por esses homens, e, no entanto, apesar de todos os seus esforços, foram derrotados por eles de forma implacável. Pedro, certa vez, estava decidido a fazer tudo o que pudesse, mas, embora alguns digam que ele é o príncipe dos apóstolos, os homens tanto o pressionaram que, por fim, fizeram com que ele tivesse medo de uma pobre garota.

— Além disso, — acrescentou ele — aos bandidos basta assobiar para seu rei vir, se possível, acudi-los, pois ele jamais deixa de ouvi-los quando se encontram em apuros. E dizem a seu respeito que a espada que o atinge não lhe causa nada, tampouco a lança, a flecha ou o dardo. Ele trata ferro como palha e bronze como madeira podre. As flechas não o afugentam, as pedras das fundas tornam-se pedregulho, e ele gargalha ao chacoalhar da lança [Jó 41,26-29]. O que um homem pode fazer em uma situação dessas? É verdade que, se ele pudesse ter sempre à mão o cavalo de Jó, com destreza e coragem para cavalgá-lo, poderia fazer coisas notáveis. Por acaso foi ele quem deu força ao cavalo ou revestiu o seu pescoço de crinas? É ele quem o faz pular como gafanhoto? Terrível é o respirar de suas ventas. Ele escava no vale, satisfeito com a sua força, e sai ao encontro dos inimigos. Zomba do medo e não se espanta; não recua por causa da espada. Sobre ele balança a aljava, cintilam a lança e o dardo. Com ímpeto e fúria, vai engolindo as distâncias e não se contém ao som do clarim. A cada toque do clarim, ele diz "Avante!", cheirando de longe a batalha, o grito dos comandantes e o alarido de guerra [Jó 39,19-25].

— Soldados como você e eu — continuou Cristão — não devem jamais querer encontrar o inimigo nem se vangloriar de como poderiam fazer melhor quando ouvem falar de outros que foram derrotados. Não devemos nos deixar arrebatar pela ilusão de nossa própria virilidade, pois esses geralmente se saem pior quando postos à prova. Veja Pedro, que mencionei acima. Ele vivia se vangloriando, ah, ele era capaz disto, era capaz daquilo, sua mente vã levava-o a dizer que seria o melhor, que com mais ardor do que todos os outros homens defenderia o seu Mestre. Mas quem mais do que ele foi oprimido e derrotado por esses vilões?

— Então, por ouvirmos falar desses roubos na estrada do Rei, — advertiu, ainda, Cristão — cabe-nos fazer duas coisas: primeiro, sair de armadura, sem esquecer o escudo, pois foi por falta dele que aquele que atacou Leviatã com tanta força conseguiu derrotá-lo. Se não tivermos o escudo, ele jamais nos temerá. Por isso, o perito disse-nos: "Acima de tudo, usem o escudo da fé, com o qual poderão apagar todas as setas inflamadas do maligno [Ef 6,16]".

— Também é bom pedirmos proteção ao Rei — acrescentou Cristão — para que ele em pessoa nos acompanhe. Por isso Davi exultou, mesmo estando no Vale da Sombra da Morte; e Moisés preferiria morrer onde estava a dar sequer um passo a mais sem seu Deus [Ex 33,15]. Ah, meu irmão, se ele se dignar a seguir conosco, que necessidade haverá de temermos 10 mil lançando-se contra nós [Sl 3,5-8; 27,1-3]? Mas, sem Ele, os orgulhosos ajudantes "sucumbem entre os mortos [Is 10,4]".

— Quanto a mim, — continuou ele — já estive antes na luta e, no entanto – por bondade Daquele que é o maior –, continuo a viver, assim como pode ver. Não posso, porém, me vangloriar de minha virilidade. Feliz serei se não voltar a enfrentar tais ataques, embora tema não estarmos isentos do perigo. Contudo, como o leão e o urso ainda não me devoraram, espero que Deus também nos liberte dos próximos Filisteus incircuncisos. — E, por fim, Cristão cantou:

Pobre Pouca-Fé, por ladrões roubado,
Lembre-se, o que crê será recompensado;
Basta ter ainda mais fé, e a vitória virá
E não apenas três, mas 10 mil vencerá.

E assim continuaram, com Ignorância seguindo-os. Caminharam até enxergar uma bifurcação, e os dois caminhos lhes pareciam igualmente retos. E, por isso, não sabiam qual deles deveriam tomar. Pararam, então, para refletir. E, enquanto ponderavam sobre qual caminho tomar, eis que um homem sombrio, embora coberto com um manto muito claro, aproximou-se deles e perguntou por que estavam ali parados. Responderam-lhe que seguiam para a Cidade Celestial, mas não sabiam qual dos caminhos tomar. — Sigam-me, — disse o homem — é para lá que estou indo. — E, então, seguiram-no por uma trilha que os desviava do caminho. E, pouco a pouco, foram se afastando da cidade que pretendiam alcançar, tanto que, em pouco tempo, estavam se dirigindo à direção oposta. Mas, mesmo assim, continuavam a seguir o desconhecido. Sem que eles se dessem conta, o homem fez com que caíssem em uma rede, na qual se enredaram de tal forma que já não sabiam o que fazer; e o sombrio desconhecido deixou que o manto branco lhe caísse das costas. Viram, então, onde estavam. E ficaram lamentando-se por algum tempo, pois não tinham como sair dali.

Disse, então, Cristão a seu amigo: — Agora, vejo-me em erro. Não nos aconselharam os Pastores a ter cuidado com os aduladores? Hoje cumpriu-se para nós o ditado do sábio: "Quem adula seu próximo está armando uma rede sob seus pés [Pr 29,5]".

— Eles também nos deram algumas orientações quanto ao caminho a seguir, para que o encontrássemos com mais segurança, mas também nos esquecemos de lê-las, e não nos afastamos das trilhas do maligno — acrescentou Esperançoso. — Nisso Davi foi mais sábio do que nós, ao dizer: "No que concerne às obras do homem, pela palavra dos seus lábios afastei-me dos caminhos do destruidor [Sl 17,4]". — E, assim, lamentavam-se, emaranhados na rede. Por fim, viram um Ser Iluminado aproximar-se deles, com um chicote de correia curta na mão. Quando chegou até onde eles se encontravam, perguntou-lhes de onde vinham e o que faziam ali. Disseram-lhe que não passavam de pobres peregrinos e que seguiam para Sião, mas haviam sido desviados do caminho por um homem sombrio, todo vestido de branco, que os convidara a segui-los, afirmando que ia para o mesmo lugar que eles. Disse, então, o desconhecido, com o chicote à mão: — Trata-se do Adulador, um falso apóstolo que se transformou em anjo de luz [Pr 29,5; Dn 11,32; II Co 11,13-14]. — E, em seguida, rasgou a rede, deixando-os sair. Mas disse-lhes ainda: — Sigam-me, para que eu os ponha de novo no caminho. — E conduziu-os de volta à estrada da qual se haviam afastado para seguir o Adulador. Perguntou-lhes então: — Onde dormiram na noite passada? — Com os Pastores, nas Montanhas Aprazíveis — responderam-lhe. Perguntou-lhes, então, se não haviam recebido um mapa dos Pastores com a direção a tomar, e eles foram obrigados a admitir: — Recebemos, sim. — Mas, quando estavam em dúvida, não se deram ao trabalho de ler esse mapa? — perguntou ainda. — Não — foram novamente obrigados a responder. — E por que não? — Simplesmente esquecemos. — Mas os Pastores não os aconselharam a tomar cuidado com o Adulador? — Responderam, então: — Sim. Mas nem nos passou pela cabeça que esse homem de fala elegante fosse ele [Rm 16,18].

Vi então, em meu sonho, que ele ordenou aos dois que se deitassem no chão, o que fizeram. Deitados, ele castigou-os com força, para ensinar-lhes o bom caminho que deveriam trilhar [Dt 25,2]. E, enquanto ainda os chicoteava, disse: — "A todos os que amo repreendo e disciplino. Sejam diligentes, portanto, e arrependam-se [II Cr 6,26-27; Ap 3,19]". — Feito isso, ordenou-lhes que retomassem o caminho e ficassem bem atentos às outras orientações dos Pastores. Os dois agradeceram-lhe toda a sua bondade e voltaram calmamente ao caminho correto, cantando:

> *Você, que anda pelo caminho, preste atenção,*
> *Veja como os peregrinos pagam por sua distração.*
> *Na rede do inimigo ficaram, só por esquecer*
> *Do conselho que lhes fora dado conhecer.*
> *Ainda acabaram salvos, mas tiveram punição,*
> *Que o erro deles possa lhes servir como lição!*

CAPÍTULO XVIII

Os peregrinos encontram Ateu e passam pelo Solo Encantado.

Ora, depois de algum tempo, viram que alguém caminhava pela estrada, tranquilo e sozinho, lá longe, na direção dos dois. Disse, então, Cristão ao companheiro: — Vem ali um homem, caminhando na direção contrária à de Sião. Certamente, vai falar conosco.

— Estou vendo-o. Vamos prestar bastante atenção, pois talvez ele também se revele um adulador — respondeu Esperançoso. O homem aproximava-se cada vez mais, e, por fim, os três se encontraram. Ele chamava-se Ateu, e perguntou-lhes para onde seguiam.

— Vamos para o Monte Sião — Cristão respondeu.

Ateu caiu na gargalhada ao ouvir a resposta.

— Por que ri com tanto gosto? — perguntou, então, Cristão.

— Estou rindo por ver que são ignorantes, impondo a si mesmos essa viagem tão entediante sem que, muito provavelmente, tenham algo para compensar seus esforços além da própria jornada.

— E por que diz isso? Acha que não seremos recebidos? — indagou novamente Cristão.

— Recebidos onde? Esse lugar com que vocês sonham simplesmente não existe.

E o outro rebateu: — Não neste mundo, mas sim naquele que há de vir.

— Quando eu ainda estava em minha terra natal, ouvi isso que vocês vêm me dizer agora e, curioso, saí à procura desse tal lugar, mas já faz 20 anos que busco essa cidade e, mesmo depois de todo esse tempo, não vi nem sinal dela [Jr 22,12; Ecl 10,15].

— Também ouvimos o mesmo que você e acreditamos que, de fato, esse lugar existe.

— Ora, se quando eu estava em minha terra — retorquiu Ateu — não tivesse acreditado, certamente não teria ido procurá-lo para nada encontrar – e, se de fato esse lugar existisse, eu já o teria encontrado, pois busquei-o por muito mais tempo do que vocês. Por isso, estou voltando pelo mesmo caminho. Agora, tentarei animar-me com as coisas que um dia desprezei, tendo-as trocado por esperanças que hoje sei serem vãs.

Então, Cristão perguntou a Esperançoso: — Será verdade o que diz este homem?

— Preste atenção, ele é um dos aduladores. Lembre-se do que já passamos por dar ouvidos a esse tipo de gente. Ora essa, como assim o Monte Sião não existe? Se já avistamos o portão da cidade quando estávamos no topo das Montanhas Aprazíveis! Além disso, não devemos caminhar na fé? Vamos seguir em frente, para que o homem com o chicote não nos castigue de novo [II Co 5,7]. Você é quem deveria ter me ensinado esta que agora lhe digo ao pé do ouvido: "Pare, meu filho, de ouvir instruções que o afastam das palavras do conhecimento [Pr 19,27]". Volto a insistir, meu irmão, não lhe dê ouvidos, continuemos a crer na salvação da alma [Hb 10,39].

— Meu irmão, não lhe fiz essa pergunta por duvidar da verdade de nossa crença, mas para pô-lo à prova e arrancar de você o fruto da sinceridade de seu coração. Quanto a esse homem, sei que está cego pelo deus deste mundo. Vamos deixá-lo de lado e prosseguir só nós dois, sabendo que cremos na verdade e que "nenhuma mentira vem da verdade [I Jo 2,21]".

— Agora, sim, regozijo na esperança da glória de Deus. — Afastaram-se, então, do homem, que, rindo deles, seguiu seu caminho.

Vi então, em meu sonho, que caminharam até alcançar certo país cujo ar fazia com que os peregrinos ficassem naturalmente sonolentos. E, nesse lugar, Esperançoso começou a cair no sono, completamente entorpecido, dizendo, então, a Cristão: — Estou tão sonolento que mal consigo manter os olhos abertos. Vamos nos deitar e tirar um cochilo.

— De jeito nenhum — disse-lhe Cristão. — Receio que, se dormirmos, nunca mais vamos acordar.

— Por quê, meu irmão? O sono é agradável ao homem que trabalha. Vamos ficar revigorados depois de uma soneca.

— Você não lembra que um dos Pastores nos alertou sobre o Solo Encantado? Ele quis nos prevenir de que não deveríamos dormir, "portanto não vamos nos entregar ao sono como os outros, mas sim vigiar e permanecer sóbrios [I Ts 5,6]".

— Reconheço meu erro e, se eu estivesse aqui sozinho, certamente teria dormido, talvez às custas de minha própria vida. Percebo ser verdade o que disse o sábio, ter alguém é melhor do que estar sozinho. Até aqui sua companhia tem sido uma bênção para mim, e certamente você será muito bem recompensado por seus esforços [Ecl 9,9].

— Então, — disse Cristão — para espantar a sonolência neste lugar, nada melhor do que uma boa conversa.

— Com muito prazer — respondeu o outro.

— Por onde começamos?

— Por onde Deus começou conosco. Mas, por favor, seja o primeiro.

E Cristão disse: — Antes, uma canção.

Se os santos sentem sono, venham aqui se sentar,
Para então ouvir o que os peregrinos têm para contar:
Sim, aprendam com eles, tão devotados,
Como manter abertos os olhos cansados.
A comunhão dos santos deve ser primordial
Para manter-se desperto, bem longe do mal.

E, em seguida, acrescentou: — Vou lhe fazer uma pergunta. Como foi que você começou a pensar em agir como o faz agora?

— Está perguntando como comecei a buscar pelo bem da minha alma?

— Sim, é isso que quero dizer.

— Passei muito tempo iludido pelas coisas que vemos sendo vendidas na nossa feira, coisas que, pensando bem, teriam me arrastado à perdição e à destruição, caso nelas eu persistisse.

— E que coisas são essas?

— Todos os tesouros e riquezas do mundo. Eu também adorava a desordem, as orgias, beber, blasfemar, a mentira, a impureza, a violação do sábado e muito mais – tudo aquilo que levava à destruição da alma. Mas, por fim, ouvindo e considerando as coisas divinas, o que fiquei sabendo por sua boca, e pela do amado Fiel, que foi morto por sua fé e por sua vida correta na Feira das Vaidades, descobri que "o fim de todas essas coisas é a morte [Rm 6,21-23]" e que, por causa dessas coisas, "vem a ira de Deus sobre os filhos da desobediência [Ef 5,6]".

— E você, então, deixou-se arrebatar imediatamente pelo poder dessa convicção?

— Não, não me dispus logo de início a reconhecer a maldade do pecado, nem a condenação que se segue àqueles que o praticam, muito pelo contrário. Assim que a Palavra penetrou em minha mente, passei a fazer ainda mais esforço para fechar os olhos à luz.

— Mas por que você continuou nessa vida, mesmo diante das primeiras obras do bendito Espírito de Deus sobre você?

— Há várias causas para meu comportamento. Primeiro, porque eu ignorava que a obra de Deus estivesse operando em mim. Jamais havia pensado que é por meio do despertar para o pecado que Deus começa a conversão de um pecador. Segundo, porque o pecado era ainda muito agradável à carne, e eu relutava em deixá-lo. Em terceiro lugar, não sabia como me separar de meus velhos companheiros, sendo sua presença e suas ações tão desejáveis para mim. E, por fim, as horas em que essas convicções me dominavam eram tão dolorosas e tão aterrorizantes que meu coração não era capaz de suportá-las, nem mesmo a lembrança delas.

— Então, ao que parece, às vezes você se via livre desse seu tormento?

— Sim, isso mesmo, só que ele voltava de novo à minha mente, e, então, eu ficava tão mal quanto antes – não, ficava ainda pior do que antes.

— Ora, mas o que fazia com que se lembrasse novamente de seus pecados?

— Muitas coisas. Se eu encontrasse um bom homem nas ruas, por exemplo, se ouvisse alguém lendo a *Bíblia*, se minha cabeça começasse a doer, se ficasse sabendo que algum vizinho meu estava doente, se eu ouvisse os sinos soarem pelos mortos – se até mesmo pensasse na morte – ou se ficasse sabendo que alguém havia morrido subitamente. Mas, especialmente, quando eu pensava que logo chegaria a hora do meu julgamento.

— E você conseguia, a qualquer momento, livrar-se facilmente da culpa do pecado quando ela lhe aparecia por algum desses meios?

— Não, com o passar do tempo não, pois essas coisas dominavam minha consciência cada vez mais rápido e, então, se eu sequer pensasse em voltar a pecar – embora minha mente se revoltasse contra isso –, meu tormento era redobrado.

— E o que você fez então?

— Cheguei à conclusão de que deveria me esforçar por endireitar a minha vida, caso contrário, seria certamente condenado.

— E de fato esforçou-se para fazê-lo?

— Sim, e fugi não só dos meus pecados, mas também das companhias pecaminosas, e comecei a me dedicar a deveres religiosos como a oração, a leitura, o arrependimento do pecado, o falar a verdade ao próximo, entre outros. Fiz tudo isso e muito mais, coisas demais para relatar todas agora.

— E passou a se sentir melhor então?

— Por um tempo, sim. Mas, por fim, meu tormento voltou a me afligir, e isso apesar de toda a minha renovação.

— Mas como, se já estava efetivamente renovado?

— Várias coisas surgiam-me à mente, especialmente ditados como: "Toda a nossa correção nada mais é do que um trapo imundo [Is 64,6]", "Ninguém será inocentado apenas pela prática da lei [Gl 2,16]", "Quando tiverem feito todas essas coisas, digam 'não servimos para nada' [Lc 17,10]", além de muitos outros semelhantes. Por conta de todas essas passagens, comecei a refletir: se toda a minha correção não passa de um trapo imundo, se, pela prática da lei, nenhum homem será inocentado, e se, depois de ter feito de tudo, não servimos para nada, então é loucura pensar em chegar ao céu por meio da lei. E pensei também que, se um homem fica devendo 100 libras no comércio e precisa, então, pagar à vista tudo o que comprar em seguida, ainda assim sua antiga dívida permanece na caderneta, e, por conta dela, o comerciante pode processá-lo e lançá-lo na prisão, até que seja completamente quitada.

— Bem, e como você aplicou tal coisa a si mesmo?

— Ora, pensei comigo: por conta dos meus pecados, acumulei uma enorme dívida no livro de Deus e, mesmo que agora esteja renovado, não poderei liquidar esse débito. Assim, devo continuar a pensar nele, mesmo com minha renovação atual. E como, então, serei capaz de me livrar da condenação em que me meti por conta de minhas transgressões passadas?

— Muito bem, perfeita a sua forma de pensar. Mas, por favor, continue.

— Outra coisa que vinha me perturbando, desde as minhas primeiras modificações, é que, ao examinar com mais atenção o que faço de correto hoje, ainda vejo pecados – pecados novos –, que se misturam ao que venho fazendo de bom. Então, sou forçado a concluir que, independentemente dos bons conceitos que tinha de mim mesmo, e dos meus deveres, a cada novo ato cometo pecado suficiente para ir para o inferno, mesmo que a minha vida anterior tivesse sido imaculada.

— E o que você fez então?

— O que fiz? Não era capaz de saber o que fazer, até o momento em que abri meu coração a Fiel, pois ele e eu nos conhecíamos bem. E ele me disse que, a menos que eu tivesse a mesma correção de um homem que jamais houvesse pecado, nem eu mesmo nem toda a justiça do mundo poderiam me salvar.

— E você acredita que ele tenha dito a verdade?

— Se ele me tivesse dito isso quando eu me achava contente e satisfeito com minhas próprias reformas, certamente o teria chamado de tolo por todo o seu esforço, mas, hoje, como percebo minha própria insanidade e o pecado que acompanha até mesmo meus atos mais nobres, sou forçado a concordar com ele.

— Mas, quando ele lhe sugeriu tal coisa, você julgou ser possível encontrar um homem assim, de quem se podia dizer com justiça que jamais havia pecado?

— Devo confessar que, a princípio, as palavras me soaram estranhas, mas, depois de conversar um pouco mais com ele, convenci-me por completo dessa verdade.

— Você lhe perguntou que homem era esse e como você poderia ser inocentado por intermédio dele?

— Sim, e ele me disse que era o Senhor Jesus, que está à direita do Altíssimo. E, por isso, disse ele, a única saída é ser inocentado por ele, crendo naquilo que ele mesmo fez na época em que viveu, carne e osso, entre nós, para depois sofrer e morrer na cruz. Perguntei-lhe, ainda, como é que a correção desse homem poderia ser tão eficaz a ponto de inocentar outra pessoa diante de Deus. E ele me disse que esse homem era o próprio Deus Todo-Poderoso e que tudo o que ele fizera, ao enfrentar a própria morte, não foi por si mesmo, mas por mim. E seus atos e seu valor seriam a mim atribuídos, desde que eu cresse nele [Hb 10; Rm 5; Cl 1; I Pd 1].

— E o que você fez então?

— Fiz certas objeções a essa crença, porque pensava que ele não estaria disposto a me salvar.

— E o que Fiel disse para você por conta disso?

— Pediu-me para clamar por Jesus Cristo para comprovar tudo o que dissera. E eu lhe respondi que seria muita presunção da minha parte fazê-lo, mas Fiel reiterou que não, que eu fora convidado a tal coisa [Mt 11,28]. Depois, deu-me um livro composto por Jesus, para me encorajar a buscá-lo com mais liberdade. E, a respeito desse livro, disse-me ainda que, nele, cada pingo nos is e cada vírgula eram mais firmes do que o céu e a terra [Mt 24,35]. Perguntei-lhe, então, o que deveria fazer quando o encontrasse, e ele me respondeu que deveria ficar de joelhos e suplicar, de todo o meu coração e de toda a minha alma, que o Pai o revelasse a mim [Sl 95,6; Dn 6,10; Jr 29,12-13]. Em seguida, perguntei ainda como haveria de suplicar. E ele respondeu: "Vá encontrá-lo em um propiciatório[3], onde ele fica o ano inteiro para conceder o perdão àqueles que o procuram". Respondi-lhe, então, que não saberia o que dizer quando lá chegasse. Ele instruiu-me a dizer algo assim: "Ó, Deus, tem misericórdia de mim, por ser um pecador, e faz com que eu conheça e creia em Jesus Cristo, pois sei que, sem a justiça dele, ou sem que eu tenha fé nessa justiça, certamente serei lançado fora. Senhor, ouvi dizer que é um Deus compassivo, que determinou que Seu Filho Jesus Cristo seria o Salvador do mundo e que, além disso, está disposto a concedê-lo ao pecador miserável que sou – e sou de fato pecador. Senhor, aproveita, então, esta oportunidade e manifesta a Sua graça na salvação da minha alma, por meio do Seu Filho Jesus Cristo. Amém [Ex 25,22; Lv 16,2; Nm 7,89; Hb 4,16]".

— E você fez como ele lhe pediu?

— Sim, muitas e muitas vezes.

— E o Pai revelou-lhe seu Filho?

— Na primeira vez, não, nem na segunda, nem na terceira, nem na quarta, nem na quinta. Não, e tampouco na sexta.

---

3. Templo, santuário ou lugar de concessão de perdão, referência à suposta tampa da Arca da Aliança, artefato que se acredita ser a relíquia mais sagrada dos israelitas, descrita na *Bíblia* como um baú de madeira recoberto de ouro. (N. do T.)

— E que você fez então?

— O quê? Ora, fiquei sem saber o que fazer.

— Não passou por sua mente parar de orar de uma vez por todas?

— Sim, umas cem, 200 vezes.

— E por que não parou?

— Eu acreditava que o que me haviam dito era verdade: que, sem a correção desse Cristo, nem mesmo o mundo todo poderia me salvar. Então, pensei comigo: se eu abandonar o que venho fazendo, acabarei morrendo, ou, de qualquer forma, poderei morrer no trono da graça. Assim, veio-me à mente esta ideia: "Ainda não chegou o tempo de se realizar esta visão, mas não deixará de se cumprir. Espera com confiança, mesmo que pareça demorar [Hab 2,3]". E, então, continuei a orar, até que o Pai me revelasse seu Filho.

— E como foi que ele o revelou?

— Não o vi com os olhos da carne, mas com os olhos de meu entendimento [Ef 1,18-19], desta forma: certo dia, eu estava muito triste, mais triste do que jamais me sentira na vida, e essa tristeza se deu pela percepção da grandeza e da iniquidade dos meus pecados. Então, quando eu já não esperava nada além do inferno e da eterna danação da minha alma, subitamente vi o Senhor Jesus olhar lá do céu na minha direção: "Creia no Senhor Jesus, e você será salvo [At 16,30-31]".

E Esperançoso continuou, dizendo: — Mas eu respondi: "Senhor, sou um grande pecador, grande demais". E ele me disse: "Minha graça é suficiente para você [II Co 12,9]". Então, falei: "Mas, Senhor, o que significa crer?". E foi aí, ao me vir à mente esta passagem, "Aquele que vem a mim nunca terá fome; aquele que crê em mim nunca terá sede", que percebi que crer e receber são a mesma coisa, e que aquele que recebe, ou seja, que busca a salvação de Cristo com o coração cheio de amor, este de fato crê em Cristo [Jo 6,35]. Então vieram lágrimas aos meus olhos e indaguei: "Mas, Senhor, será que um grande pecador como eu poderá de fato ser aceito e salvo pelo Senhor?". E ouvi-o dizer: "E aquele que vier a mim jamais rejeitarei

[Jo 6,37]". Falei depois: "Mas como, Senhor, devo proceder quando procurá-lo, para que a minha fé se faça correta?". E ele respondeu: "Cristo Jesus veio ao mundo para salvar os pecadores [I Tm 1,15]". "Ele é o fim da lei para justiça de todo aquele que crê [Rm 10,4]." "Ele morreu pelos nossos pecados e ressuscitou para nossa absolvição [Rm 4,25]." "Ele nos amou e lavou nossos pecados com seu próprio sangue [Ap 1,5]." "Ele é o intercessor entre Deus e nós [I Tm 2,5]." "Ele vive eternamente para interceder por nós [Hb 7,24-25]." E, de tudo o que ouvi, concluí que devo procurar justiça na pessoa dele e a expiação dos meus pecados, pelo sangue dele. O que ele fez em obediência à lei do seu Pai, submetendo-se ao castigo, não foi por si mesmo que fez, mas por aquele que aceita o sacrifício de sua salvação e lhe é grato. E, então, meu coração encheu-se de alegria, as lágrimas transbordaram meus olhos, e meu coração foi dominado de amor pelo nome, pela pessoa e pela obra de Jesus Cristo.

— De fato foi uma revelação de Cristo em sua alma — admirou-se Cristão. — Mas diga-me mais uma coisa: que efeito exerceu tudo isso sobre o seu espírito?

— Fez-me ver que o mundo inteiro, apesar de toda a sua justiça, está fadado à condenação. Fez-me ver que, por ser justo, Deus Pai pode inocentar, com retidão, o pecador que busca a Jesus. Fiquei profundamente envergonhado da vilania de minha vida anterior, consternando-me diante do entendimento de minha própria ignorância, já que, antes, jamais havia sentido, fundo no coração, a revelação da maravilhosa beleza de Jesus Cristo. Tudo isso fez com que eu amasse a vida de santidade, desejando fazer algo para honra e glória do nome do Senhor Jesus. Sim, pensei que, se eu tivesse milhares de litros de sangue correndo em minhas veias, seria capaz de derramá-lo todo por amor a Jesus Cristo.

CAPÍTULO XIX

Os peregrinos encontram-se novamente com Ignorância.

Vi então, em meu sonho, que Esperançoso olhou para trás e avistou Ignorância, o sujeito com quem haviam cruzado anteriormente no caminho, aproximar-se: — Veja só — disse ele a Cristão — quanto esse jovem ficou para trás.

— Estou vendo. Ele realmente não queria a nossa companhia.

— Mas imagino que não teria lhe feito nenhum mal nos acompanhar.

— É verdade. Mas eu lhe garanto que ele não pensa assim.

— É o que eu também acho. De qualquer forma, vamos esperar um pouco por ele. — E assim o fizeram.

E, quando ele já se aproximava, Cristão chamou-o: — Vamos lá, homem, por que ficou tão para trás?

— Prefiro caminhar sozinho, — respondeu Ignorância — a menos que gostem da minha companhia mais do que eu gosto da de vocês.

Cristão, então, sussurrou a Esperançoso: — Eu não disse que não lhe agrada nos ter por perto? Mesmo assim, vamos conversar um pouco com ele para passar o tempo, já que este lugar é solitário demais. — E, dirigindo-se ao outro, falou: — Mas como vai você? Como anda a relação de sua alma com Deus?

— Espero que bem, já que estou sempre repleto de bons pensamentos, que me vêm à mente para consolar minha caminhada.

— E que bons pensamentos são esses? Por favor, diga-nos.

— Ora, penso em Deus e no céu.

— Os demônios e as almas condenadas também pensam nessas coisas.

— Mas eu não apenas penso nelas, também as desejo.

— Assim como o fazem muitos que jamais lá chegarão. "A alma do preguiçoso deseja, e nada consegue [Pr 13,4]."

— Mas eu não apenas as desejo, abandonei tudo por elas.

— Disso eu duvido, pois abandonar tudo é difícil demais. Mais difícil do que muitos imaginam. Mas o que o faz pensar que você abandonou tudo por Deus e pelo céu?

— Meu coração é quem me diz.

— O sábio afirma: "Quem confia em si mesmo é um tolo [Pr 28,26]".

— Isso é o que se diz de um mau coração, mas o meu é bom.

— E pode provar isso?

— Ele me consola com a esperança do céu.

— Isso pode muito bem ser uma armadilha, já que o coração do homem pode consolá-lo com esperanças de algo que ele não tem por que esperar.

— Mas meu coração e minha vida estão em harmonia, e, por isso, minha esperança tem fundamento.

— Quem foi que lhe disse que seu coração e sua vida estão em harmonia?

— Meu próprio coração.

— *Pergunte ao meu companheiro se sou um ladrão!*[4] É o seu próprio coração que está dizendo, ora essa! A menos que a Palavra de Deus dê testemunho a esse respeito, nenhum outro tem valor.

— Mas os bons pensamentos não se originam em um bom coração? E não é santa a vida que está de acordo com os mandamentos de Deus?

---

4. Referência à peça de teatro *The Tragical History of Doctor Faustus* (*A Trágica História do Doutor Fausto*, em inglês), sobre praticantes de ciências ocultas, escrita pelo dramaturgo e poeta britânico Christopher Marlowe (1564-1593). (N. do T.)

— Sim, é de um bom coração que vêm os bons pensamentos, e uma vida santa é aquela que segue os mandamentos de Deus. Mas uma coisa é vivenciar tais pensamentos, e outra bem diferente é imaginar viver de acordo com eles.

— Então, diga-me, por favor, o que significa para você ter bons pensamentos e viver conforme os mandamentos de Deus?

— Há bons pensamentos de vários tipos. Alguns dizem respeito a nós mesmos, outros a Deus, a Cristo, e há ainda os que dizem respeito a várias outras coisas.

— E quais são os bons pensamentos que dizem respeito a nós mesmos?

— Aqueles que concordam com a Palavra de Deus.

— E quando é que os nossos pensamentos a respeito de nós mesmos concordam com a Palavra de Deus?

— Quando nos julgam da mesma forma que o faz a Palavra. Vou explicar melhor. A Palavra de Deus diz o seguinte das pessoas em estado natural: "Não há nem um justo sequer; não há ninguém que faça o bem [Rm 3]". Diz ainda: "Todo pensamento vindo do coração do homem tende ao mal, e assim sempre será [Gn 6,5]". E mais: "Os pensamentos do coração do homem inclinam-se ao mal desde a infância [Gn 8,21]". Ora, se pensamos isso de nós mesmos, com plena consciência, então nossos pensamentos são bons, pois estão de acordo com a Palavra de Deus.

— Nunca vou acreditar que meu coração é mau assim.

— Então, você nunca teve sequer um único pensamento bom a seu próprio respeito em toda a sua vida. Mas permita-me prosseguir. Assim como a Palavra faz juízo do nosso coração, também o faz em relação aos nossos caminhos. E, quando os NOSSOS pensamentos, advindos de nosso coração, e o nosso caminho concordam com o juízo que a Palavra faz de ambos, então eles são bons, simplesmente porque estão de acordo com a Palavra.

— Explique melhor, por favor.

— Ora, a Palavra de Deus diz que os caminhos do homem são tortuosos; não bons, mas perversos [Sl 125,5; Pr 2,15]. Diz que os homens se afastam naturalmente do bom caminho, pois não o conhecem [Rm 3]. Ora, quando o homem pondera a respeito de seus caminhos – ou seja, quando ele, com o coração oprimido, assim pensa no que acabo de dizer –, então tem bons pensamentos a respeito de seus caminhos, porque agora pensa de acordo com o juízo da Palavra de Deus.

— E quais são os bons pensamentos a respeito de Deus?

— Exatamente como já disse antes, quando falei dos pensamentos que dizem respeito a nós mesmos: são bons os nossos pensamentos a respeito de Deus que concordam com o que a Palavra diz Dele. Isso acontece quando pensamos em Seu ser e em Seus atributos segundo o que nos ensina a Palavra – algo bastante extenso para lhe explicar em detalhes agora. Mas falemos Dele em relação a nós mesmos: apenas podemos afirmar ter pensamentos corretos acerca de Deus quando percebemos que Ele nos conhece melhor do que nós mesmos, podendo ver em nós até os pecados que não conseguimos sequer vislumbrar. Quando percebemos que Ele conhece nossos pensamentos mais íntimos e que o nosso coração – com todas as suas profundezas – está sempre aberto aos olhos Dele, então temos pensamentos corretos acerca de Deus. E, também, quando notamos que toda a nossa correção é fétida para as Suas narinas e que, por isso, Ele não é capaz de tolerar que nos coloquemos diante Dele com qualquer tipo de confiança, mesmo no que concerne a nossas melhores ações.

— Você acha que sou tolo o bastante a ponto de pensar que Deus não pode ver muito além de mim mesmo? Ou que eu me apresentaria diante de Deus com orgulho de minhas melhores ações?

— Então, o que você pensa a esse respeito?

— Ora, sendo muito breve, penso que basta-me crer em Cristo para alcançar seu perdão.

— Mas como? Como pensa que deve simplesmente crer em Cristo se não é capaz de entender que *precisa* dele? Você não consegue nem mesmo enxergar suas próprias faltas – originais ou atuais – e, ainda assim, tem essa opinião de si mesmo e do que faz. Isso é suficiente para provar que nunca percebeu a necessidade da justiça pessoal de Cristo para defendê-lo diante de Deus. E, sendo assim, como pode dizer que crê em Cristo?

— Sim, creio o suficiente.

— E como crê?

— Creio que Cristo morreu pelos pecadores e que serei perdoado diante de Deus, ficando livre da condenação. E tudo isso por sua graciosa aceitação de minha obediência à sua lei. Ou, ainda melhor, acredito que Cristo torna meus deveres religiosos aceitáveis ao seu Pai, em virtude de seus méritos, tornando-me assim passível de Seu perdão.

— Deixe-me contestar essa sua profissão de fé. Em primeiro lugar, você crê com uma fé fantasiosa, já que esse tipo de crença não está descrito em nenhuma passagem da Palavra; segundo, sua fé é falsa, porque condiciona seu perdão à retidão de Cristo, transferindo-a para si mesmo; terceiro, sua fé não faz de Cristo o redentor da sua pessoa, mas de seus atos, o que não corresponde à realidade; por fim, essa sua crença não apenas é enganosa, mas também vai fazer recair sobre você a ira no dia do Deus Todo-Poderoso, pois somente a verdadeira fé faz com que a alma, consciente de sua condição sob a lei, busque refúgio na retidão de Cristo –que não consiste em um ato da graça que há de fazê-lo ser perdoado, nem que seja aceita sua obediência a Deus, mas na retidão dele à lei, que fez com que ele sofresse por nós, por meio de nossas próprias mãos. Reitero ser essa a retidão que a verdadeira fé aceita. E é sob ela que a alma se refugia, e é por causa dela que a alma se apresentará imaculada diante de Deus, sendo então aceita e resgatada da condenação.

— O quê? Então você quer que acreditemos somente no que Cristo fez, sem que tenhamos que fazer nada mais? Essa presunção certamente afrouxaria as rédeas de nossas paixões, permitindo-nos viver como quiséssemos. Porque, se assim fosse, de que importaria nossa maneira de viver se, depois, seríamos perdoados por conta da retidão pessoal de Cristo, bastando apenas, para isso, crer nela?

— Ignorância é o seu nome, e você bem o merece. Essa sua resposta demonstra o que digo. Você ignora a retidão redentora do Cristo e como crer nela poderá salvar sua alma da dura cólera divina. Sim, e ignora as verdadeiras consequências de crer na redenção advinda dessa retidão do filho de Deus, que pode ser demonstrada curvando-se, oferecendo o coração a Deus em Cristo e amando seu nome, sua palavra, seus caminhos e seu povo – algo completamente diferente do que você, em sua ignorância, imagina.

— Pergunte a ele se algum dia Cristo já lhe foi revelado do céu — interveio Esperançoso.

— O quê? E você é um homem de revelações, por acaso? Tenho certeza de que o que vocês dois, além de muitos outros como vocês, têm a dizer sobre essa questão não passa de mera criação de mentes perturbadas.

— Francamente, homem! — respondeu Esperançoso. — Cristo está em Deus de uma forma tão incompreensível às apreensões naturais da carne que homem nenhum pode conhecê-lo por completo, a menos que Deus Pai o revele.

— Essa é a sua fé, não a minha. Mas tenho certeza de que a minha é tão boa quanto a sua, embora eu não traga na alma tantos devaneios quanto vocês.

— Deixe-me dizer uma coisa — interrompeu Cristão. — Você não deveria falar de forma tão leviana sobre esse assunto, pois reafirmo categoricamente o que meu irmão já lhe disse, que homem nenhum pode conhecer Jesus Cristo senão pela revelação do Pai [Mt 11,27]. E, além disso, a fé, pela qual a alma se agarra a Cristo – se é que posso falar assim –, deve advir da espantosa grandeza de seu poder. Mas estou percebendo, pobre Ignorância, que você desconhece essa fé [I Co 12,3; Ef 1,18-19]. Trate, então, de despertar, contemple sua própria iniquidade e busque refúgio no Senhor Jesus, pois, por sua retidão – que é a retidão de Deus, já que ele mesmo é Deus –, você será libertado da condenação.

— Vocês andam rápido demais. Não posso mais acompanhá-los. Vão na minha frente, prefiro ficar para trás.

Assim, os dois disseram:

Não seja tolo, Ignorância, muito cuidado,
Tente não desprezar o conselho dado!
Se, ainda assim, escolher não escutar,
Não faltará muito para o mal encontrar.
Mas lembre-se, homem, pouco tempo há,
O bom conselho aceito ainda o salvará.
Escute então o que temos a dizer,
Ou muito, tudo, há de perder.

E Cristão, dirigindo-se ao seu companheiro, falou:

— Bem, vamos então, meu caro Esperançoso. Estou percebendo que você e eu deveremos caminhar a sós novamente.

Em seguida, vi, em meu sonho, que os dois apertavam o passo, enquanto Ignorância ficava para trás, andando devagar. E Cristão, mais uma vez, disse ao companheiro: — Tenho muita pena desse pobre homem, ele certamente se dará mal.

— É uma pena! — respondeu Esperançoso. — Mas há muitos na mesma situação na nossa cidade, famílias inteiras, até mesmo ruas inteiras. E também inúmeros peregrinos. Imagine só: se tantos dos nossos pensam assim, quantos não haverá na terra natal desse homem?

— De fato, é como diz a Palavra: "Eles fecham os olhos, para que não possam ver". Mas, agora que estamos sós, o que você acha desses homens? Será que nunca têm convicção de seus pecados, temendo, assim, que sua condição seja perigosa?

— Peço que você mesmo responda a essa pergunta, já que é o mais velho de nós dois — redarguiu Esperançoso.

— Devo dizer que, às vezes – essa é a minha opinião –, eles podem chegar a ter tal convicção, mas, sendo naturalmente ignorantes, não compreendem que essa mesma convicção está a seu favor.

Por isso, tentam desesperadamente sufocá-la e, em sua presunção, continuam a exaltar-se segundo os caminhos do seu próprio coração.

— Acredito piamente no que você diz, que o medo trabalha incansavelmente a favor dos homens, para corrigi-los, incitando-os à peregrinação logo de início.

— Sem dúvida nenhuma, é assim que ele age, quando se trata do medo correto, pois já diz a Palavra, "o temor do Senhor é o princípio da sabedoria [Pr 1,7; 9,10; Jó 28,28; Sl 111,10]".

— E como você definiria o medo *correto*? — perguntou Esperançoso.

E respondeu Cristão: — O medo *correto*, ou *verdadeiro*, revela-se em três coisas. Primeiro, na sua origem, pois tem como causa a redentora convicção do pecado; segundo, ele leva a alma a agarrar-se a Cristo em busca da salvação; e, terceiro, ele gera e sustenta na alma grande reverência a Deus, à Sua Palavra e a Seus caminhos, conservando-a terna e incutindo-lhe também o receio de afastar-se de tudo isso, seja à direita, seja à esquerda, ou de fazer qualquer coisa que desonre a Deus, viole sua paz, entristeça o Espírito ou faça o inimigo falar de forma censurável.

— Muito bem. Creio que você tenha falado a verdade. Será que já saímos do Solo Encantado?

— Por quê? Já está cansado da nossa conversa?

— Não, de forma nenhuma. Mas gostaria de saber onde estamos.

— Ainda temos pouco mais de 3 quilômetros pela frente antes de sair destas terras. Mas vamos voltar ao nosso assunto. Ora, os ignorantes não sabem que tais convicções lhes incutem um medo que vem para o seu próprio bem, e por isso procuram sufocá-las.

— E como é que tentam sufocá-las?

— Primeiro, pensam que esses temores são gerados pelo demônio – quando, na verdade, são incutidos por Deus. E, ao pensarem assim, buscam resistir a eles, pois julgam que os temores poderão levá-los à ruína. Segundo, também supõem que esses temores vão acabar corrompendo sua fé, quando, na verdade, por serem tão miseráveis, não possuem mesmo fé nenhuma. E, assim, endurecem seu coração contra eles. Em terceiro lugar, julgam que não têm nada a temer e, portanto, apesar de todos os receios, tornam-se presunçosamente confiantes. E, por último, acham que tais temores são capazes de desonrar sua velha e lamentável falsa santidade e acabam por resistir-lhes com todas as suas forças.

— Sei disso por experiência própria, já que, antes de me convencer dessa verdade, passei por essas mesmas experiências.

— Bem, agora, deixemos de lado o nosso caro Ignorância e falemos de outra questão bastante proveitosa.

— Consinto de coração. Pode começar, por favor.

— Há cerca de dez anos, você, por acaso, não conheceu um sujeito chamado Temporário, que, à época, era um homem bastante importante na religião?

— Se eu o conheci? Sim, ele residia em Amoral, cidade a cerca de 3 quilômetros de Honestidade. E era vizinho de um outro sujeito chamado Retrocesso.

— Esse mesmo. Só que, na verdade, os dois moravam na mesma casa. Bem, esse homem passou por um grande despertar. E tenho certeza de que ele, então, tomou consciência de seus pecados e do castigo que sofreria por conta deles.

— Eu concordo com você, porque a minha casa não ficava nem a 5 quilômetros da dele, e ele vinha me visitar de vez em quando, durante muitos anos. Na verdade, tinha pena do homem e não tinha perdido as esperanças por ele. Mas, como sabemos, nem todos clamam pelo Senhor.

— Ele me disse, certa vez, que estava decidido a partir em peregrinação, como fazemos agora, mas, subitamente, conheceu um sujeito chamado Salve-Se e, então, virou-me a cara.

— Bom, já que estamos falando dele, vamos descobrir a razão para seu súbito retrocesso, assim como o de tantos outros.

— Pode ser uma conversa muito proveitosa — concordou Cristão. — Mas você começa, por favor.

— Bom, então, na minha opinião, há quatro razões para isso: em primeiro lugar, acredito que, embora a consciência desses homens tenha despertado, sua mente não mudou, e, quando o poder da culpa se esgota, cessa também aquilo que os tornava religiosos. Assim, naturalmente voltam à sua conduta antiga, tal qual um cão doente por algo que comeu vomita e lança tudo fora: não acho que o cão o faça por raciocinar livremente – se é que um cão raciocina –, mas apenas porque algo lhe incomodava o estômago. Quando, no entanto, seu mal-estar passa e seu estômago se alivia, não estando seus desejos separados do próprio vômito, ele logo se vira e come tudo de volta. Por isso é verdade o que está escrito, "O cão volta ao seu próprio vômito [II Pd 2,22]". E, assim, seu desejo só arde em virtude da concepção e do medo dos tormentos do inverno, e, quando essa concepção passa e os medos da condenação esfriam, também esfriam os desejos pelo céu e pela salvação. Isso quer dizer que, ao desaparecerem a culpa e o medo, morre também o desejo pelo céu e pela felicidade, voltando eles às suas atitudes de antes.

— Em segundo lugar, — continuou Esperançoso — eles são dominados por medos despóticos. Estou me referindo aos medos que eles têm dos próprios homens, pois "quem teme o homem cai em armadilhas [Pr 29,25]". Assim, embora pareçam arder de desejo pelo céu quando as labaredas do inferno estão esquentando suas orelhas, assim que o terror se acalma, eles logo mudam de opinião, isto é, pensam que é melhor ser esperto, não correr o risco – sabe-se lá qual – de perder tudo ou, pelo menos, de trazer para si aflições inevitáveis e desnecessárias, caindo no mundo novamente.

— Em terceiro lugar, — acrescentou — a vergonha que acompanha a religião também funciona como obstáculo ao seu caminho, porque eles são orgulhosos e arrogantes, e a religião, aos seus olhos, é vil e desprezível. Assim, depois que perdem o medo do inferno e da cólera vindoura, voltam à sua antiga vida.

— Em quarto lugar, — concluiu Esperançoso — a culpa e a contemplação do terror afligem-nos. Eles não gostam de olhar a própria miséria antes que ela chegue até eles, mesmo que, talvez, ao primeiro vislumbre dessa miséria, se vissem compelidos a buscar refúgio no lugar para onde fogem os justos à procura de segurança. Mas isso só aconteceria se tivessem amor por tal vislumbre. No entanto, como já disse antes, na verdade, eles evitam qualquer ideia de culpa e de terror e, quando se veem livres do despertar para o terror e a ira de Deus, é com alegria que endurecem o coração, escolhendo os caminhos que o tornam ainda mais duro.

— Você está chegando ao cerne da questão, já que a razão de tudo é a falta de transformação na mente e na vontade deles — interveio Cristão. — E, por isso, eles acabam igualando-se ao criminoso diante do juiz, que treme, agita-se e parece se arrepender com sinceridade, ao passo que a causa de tudo é o medo da forca, e não a aversão ao crime. E isso fica evidente ao darem-lhes a liberdade, pois eles não demoram a roubar novamente, perseverando no crime. Porém, se sua mente se transforma, passam a agir de outra forma.

— Agora que acabei de lhe mostrar as razões do retrocesso, peço que me mostre como isso acontece — pediu, então, Esperançoso.

— Com o maior prazer. Primeiro, eles afastam os seus pensamentos, o máximo possível, da lembrança de Deus, da morte e do julgamento que há de acontecer. Depois, pouco a pouco, livram-se dos deveres pessoais, como a oração, a submissão das paixões, a vigília e o arrependimento do pecado, entre outros. Em seguida, passam a evitar a companhia dos Cristãos mais ativos e fervorosos. Mais tarde, furtam-se dos deveres públicos, como ouvir, ler e discutir assuntos divinos, entre outros. Depois, passam a procurar defeitos na vida de alguns dos crentes, justamente para usá-los como pretexto para falar mal da religião e, consequentemente, abandoná-la. Então, começam a associar-se a homens carnais, libertinos e devassos, e passam a ter conversas mundanas e perversas em segredo. E regozijam-se muito ao ver os mesmos defeitos em gente considerada honesta, pois, assim, têm um motivo para seguir seu exemplo com mais ousadia. Por fim, começam a praticar certos pecados abertamente e, assim, já endurecidos, revelam-se como de fato são. Lançados novamente no abismo da miséria, perecem eternamente em sua própria hipocrisia – a menos que um milagre da graça evite que isso ocorra.

CAPÍTULO XX

Os peregrinos viajam pelo país chamado Beulah[5], atravessam em segurança o rio da Morte e são admitidos na gloriosa Cidade Celestial.

Vi então, em meu sonho, que, a essa altura, os peregrinos deixavam o Solo Encantado e entravam no país chamado Beulah, cujo ar era bastante suave e agradável, e, como a estrada atravessava essas terras, desfrutaram de algum conforto nessa parte do caminho. Ouviam ali o canto dos pássaros continuamente, viam todo dia as flores brotar da terra e eram capazes de reconhecer o piar da rolinha [Is 62,4; Ct 2,10-12]. Nessa terra, o sol brilha noite e dia, pois já estavam muito além do Vale da Sombra da Morte e fora do alcance do gigante Desespero, sendo ali impossível avistar o Castelo da Dúvida. Já era possível enxergar a cidade para onde se dirigiam e encontrar alguns de seus habitantes, porque, nessa terra, os Seres Iluminados costumavam caminhar, tão próxima era ela dos limites do céu. Foi ali também que se renovou a aliança entre a noiva e o noivo, e, "assim como o noivo alegra-se de sua noiva, também seu Deus deles se alegra [Is 62,5]". Nesse lugar não faltava nem grão nem vinho, porque ali encontravam em abundância tudo aquilo que vinham buscando durante a peregrinação [Is 62,8]. Ouviam-se vozes vindas da cidade, altas vozes que diziam: "'Avisem à cidade de Sião que seu Salvador já está vindo! Ei-lo, com sua recompensa!'. Ali, todos os habitantes da terra chamavam-nos assim, 'Povo Santo, Redimidos do Senhor, Procurados...' [Is 62,11-12]".

Agora, ao caminharem por essa terra, regozijavam-se muito mais do que em outras partes mais distantes do reino pelas quais

---

5. Termo de origem hebraica que denomina o rito do matrimônio no Antigo Testamento. Na literatura religiosa, também tem sido usado como sinônimo de paraíso, céu. (N. do T.)

seguiram e, à medida que se aproximavam da cidade, tinham dela uma vista cada vez mais perfeita. Era toda construída com pérolas e pedras preciosas, e até mesmo as ruas eram revestidas de ouro, de tal forma que, por conta da glória natural da cidade e do reflexo dos raios do sol sobre ela, Cristão sentiu-se mal, dominado pelo desejo. Esperançoso também teve um ou dois acessos de mal-estar. Por isso, ambos acabaram obrigados a parar por algum tempo, gritando em meio a tanta ansiedade: — Se encontrarem meu amado, digam-lhe que estou doente de amor.

Mas, já um pouco mais fortes e capazes de suplantar toda aquela ansiedade, voltaram a caminhar, aproximando-se cada vez mais de pomares, vinhedos e jardins, com seus portões abertos para a estrada. E, ao se aproximarem, viram, então, o jardineiro no caminho, e lhe perguntaram: — De quem são estes belos vinhedos e jardins? — Ao que ele respondeu: — São do Rei e foram plantados aqui para seu próprio deleite, e também para o consolo dos peregrinos. — Em seguida, o jardineiro fez com que adentrassem os vinhedos, oferecendo-lhes as delícias do lugar [Dt 23,24]. Também mostrou-lhes as trilhas por onde o Rei andava e as árvores sob as quais gostava de ficar. E, nesse lugar, recostaram-se e dormiram.

Vi então, em meu sonho, que conversaram mais enquanto dormiam do que o haviam feito durante toda a jornada. Ao perceber tal coisa, o jardineiro dirigiu-se a mim, dizendo: — Por que está tão admirado com isso? É da natureza das uvas desses vinhedos recair em seu organismo com tamanha doçura que faz falar os lábios dos que dormem.

Depois vi que, ao acordarem, estavam decididos a subir até a cidade. Mas, como já disse anteriormente, os reflexos do sol sobre ela – já que a cidade era ouro puro – eram tão fantasticamente gloriosos que eles ainda não eram capazes de fitá-la diretamente, sendo necessário um instrumento produzido especificamente para esse propósito. Então vi que, enquanto continuavam no caminho, depararam com dois homens em vestes brilhantes como ouro, cujos rostos também resplandeciam como a luz [Ap 21,18; II Co 3,18].

Esses homens perguntaram aos peregrinos de onde vinham, e eles responderam. Também indagaram onde haviam se hospedado, com que dificuldades, perigos, confortos e prazeres haviam deparado pelo caminho, e eles responderam. Então, disseram-lhes: — Restam-lhes apenas duas dificuldades a superar, e, então, já estarão na cidade.

Em seguida, Cristão e seu companheiro pediram aos homens que os acompanhassem, e eles consentiram. — Mas — disseram eles — vocês terão de vencer pela sua própria fé. — Vi então, em meu sonho, que foram caminhando juntos, até avistarem o portão.

Vi, mais além, que entre o portão e eles havia um rio, sem ponte que levasse até a outra margem. Tal rio era bastante profundo, e, ao avistá-lo, os peregrinos ficaram completamente perplexos, mas os homens que os acompanhavam disseram: — Precisam atravessá-lo, ou não poderão alcançar o portão.

Os peregrinos, então, perguntaram se não havia outro caminho que conduzisse até o portão. — Sim, há, mas a apenas dois homens, Enoque e Elias, foi permitido trilhar esse caminho desde a fundação do mundo, e ninguém mais será capaz de obter tal permissão até o soar da última trombeta [I Co 15,51-52]. Os peregrinos – e Cristão em especial – desanimaram profundamente e, olhando de um lado para o outro, não viam nenhuma outra forma de evitar a travessia do rio. Perguntaram, então, aos homens se aquelas águas eram profundas em toda a extensão. Responderam-lhes que não, mas que tampouco poderiam ajudá-los nesse ponto. — Porque — disseram — vocês vão perceber que suas águas tornam-se mais fundas ou mais rasas de acordo com sua fé no Rei deste lugar.

Decidiram, pois, entrar na água, e, ao fazê-lo, Cristão começou a afundar, exclamando, então, a seu bom amigo Esperançoso: — Estou afundando em águas profundas, e a correnteza encobre minha cabeça, com suas ondas passando por mim! Selá[6]!

---

6. Palavra em hebraico usada com frequência no Antigo Testamento, predominantemente nos livros dos Salmos e de Habacuque. Seu significado é ainda controverso e intraduzível e faz referência à atenção que se deve dar à leitura dos textos sagrados. (N. do T.)

Falou, então, o outro: — Anime-se, meu irmão, estou sentindo o fundo, e ele é seguro. — Cristão respondeu-lhe: — Ah, meu amigo, as angústias da morte me envolveram. Não haverei de ver a terra onde abundam leite e mel. — E trevas e terror profundos recaíram sobre Cristão, de tal forma que ele não via mais nada diante de si. Acabou, também, praticamente perdendo os sentidos, sem conseguir se lembrar nem falar de forma inteligível dos doces confortos que encontrara ao longo da peregrinação. Todas as palavras que saíam de sua boca revelavam o horror e o profundo temor de que morreria naquele rio, sem jamais alcançar a entrada do portão. Como perceberam os que observavam a cena, ele também se debatia em meio às perturbadoras lembranças dos pecados que cometera, antes e depois de haver se tornado um peregrino. Observavam, ainda, que assombravam-no aparições de duendes e espíritos malignos, já que, de tempos em tempos, ele os descrevia em voz alta. Por conta de tudo aquilo, Esperançoso esforçava-se o mais que podia para manter a cabeça do irmão acima da água, mas, às vezes, ele afundava, erguendo-se novamente quando já estava prestes a morrer. Esperançoso também tentava consolá-lo, dizendo: — Meu irmão, já estou vendo o portão logo adiante, e homens de pé prontos para nos receber. — Mas Cristão respondia: — É você, é você que eles estão esperando, pois é você o Esperançoso desde que o conheci. — Mas também você — respondeu seu companheiro. — E Cristão respondeu-lhe: — Ah, meu irmão, se eu tivesse me portado corretamente, certamente ele surgiria para me ajudar neste momento, mas, por conta de meus pecados, enredou-me no laço e abandonou-me à própria sorte. — Meu irmão, você se esqueceu do livro, em que dizem que os ímpios "não sofrem ao morrer, e sua força mantém-se firme. Não passam por tormentos, tampouco são acometidos por doenças como os outros homens [Sl 73,4-5]"? Esses sofrimentos e aflições por que passa agora nessas águas não são sinais de que Deus o abandonou, mas servem apenas para pô-lo à prova, para ver se você se lembrará daquilo que até aqui recebeu da sua bondade, confiando Nele em meio a toda essa angústia.

Vi então, em meu sonho, que Cristão ficou pensativo por alguns momentos. Esperançoso disse-lhe ainda: — Anime-se, Jesus Cristo já o curou. — E, diante dessas palavras, Cristão irrompeu em gritos: — Ó, estou vendo-o novamente! E ele me diz: "Quando você atravessar as águas, estarei com você, e, através dos rios, nada haverá de encobri-lo [Is 43,2]". — Então, ambos criaram coragem, e o inimigo, depois disso, ficou paralisado como pedra, até que eles alcançassem a outra margem. Cristão imediatamente encontrou apoio para os pés no leito do rio, e o resto da travessia deu-se em águas rasas. Já na outra margem, viram novamente os dois homens iluminados, que aguardavam por eles. Logo que saíram da água, eles os saudaram, dizendo-lhes: — Somos espíritos enviados, prontos a servir aqueles que serão os herdeiros da salvação. — Encaminharam-se, então, ao portão. Ora, você haverá de notar que a cidade ficava sobre um monte imponente, mas os peregrinos escalaram-no com facilidade, já que os dois homens levavam-nos pelo braço. Também haviam deixado para trás, no rio, suas vestes mortais, porque, embora tenham entrado nas águas com elas, ao saírem, já não as traziam no corpo. E, assim, subiram com muita agilidade e rapidez, embora a fundação em que se assentava a cidade se erguesse além das nuvens. Atravessavam as alturas do ar, conversando com muita calma enquanto caminhavam, sentindo-se confortados por terem passado o rio em segurança e pela ajuda de companheiros tão gloriosos.

A conversa que tiveram com os Seres Iluminados versou sobre a glória do lugar, e eles explicaram que sua beleza e esplendor eram simplesmente inexprimíveis: — Ali — disseram — encontram-se o Monte Sião, a Jerusalém celeste, o inumerável exército dos anjos e os espíritos dos homens justos, que se tornaram perfeitos [Hb 12,22-24]. Agora — continuaram — vocês vão adentrar o paraíso de Deus, onde verão a árvore da vida e comerão de seus frutos eternos. Quando lá chegarem, receberão mantos brancos e viverão e caminharão todos os dias ao lado do Rei, por toda a eternidade [Ap 2,7; 3,4; 21,4-5]. Nunca avistarão as coisas que já chegaram a ver nas regiões inferiores da terra, como a tristeza, a doença, a aflição e a morte, pois essas coisas já pertencem ao passado. Estão a caminho do convívio com

Abraão, Isaac e Jacó, e dos profetas – dos homens que Deus libertou do mal que há de vir e que agora repousam em seus leitos, cada qual andando em sua retidão [Is 57,1-2; 65,17]. — Os peregrinos, então, perguntaram: — O que devemos fazer no lugar santo? — E responderam-lhes: — Haverão de receber os confortos decorrentes de todos os seus esforços, a alegria que compensará todas as suas tristezas, colherão o que plantaram, inclusive o fruto de todas as suas orações, lágrimas e sofrimentos em favor do Rei ao longo do caminho [Gl 6,7]. Nesse lugar, deverão usar coroas de ouro e desfrutarão da eterna visão do Sagrado, porque ali O verão como Ele é [I Jo 3,2]. Também haverão de servir continuamente, com louvores, brados e ações de graças, Àquele que desejaram servir no mundo, embora então com muito mais dificuldade por conta da enfermidade da carne. Seus olhos se deleitarão com a visão, e seus ouvidos, com a audição da suave voz do Todo-Poderoso. Compartilharão novamente da companhia de seus amigos que chegaram antes de vocês e receberão com alegria todo aquele que chegar depois a este lugar sagrado. Também se revestirão de glória e majestade e terão vestes adequadas para andar ao lado do Rei da glória. Quando Ele descer das nuvens, ao som da trombeta, sobre as asas do vento, poderão, enfim, acompanhá-Lo, e, quando Ele se assentar no trono do juízo, se sentarão ao Seu lado. Sim, e quando Ele decretar a sentença dos operários da iniquidade, sejam eles anjos, sejam homens, vocês também terão voz no julgamento, pois eles são inimigos tanto Dele quanto de vocês [I Ts 4,13-16; Jd 1,14; Dn 7,9-10; I Co 6,2-3]. Além disso, quando Ele voltar à cidade, haverão de voltar com Ele, ao som da trombeta, e lá permanecerão eternamente.

Em seguida, já se aproximando do portão, eis que um destacamento do exército celeste saiu para recebê-los. Os dois Seres Iluminados que os acompanhavam disseram, então: — Estes são os homens que amaram nosso Senhor enquanto estavam no mundo e que tudo abandonaram pelo Seu santo nome. Ele nos enviou para buscá-los, e nós os trouxemos até aqui, nessa esperada jornada, para que possam entrar e contemplar com alegria a face do seu Redentor. — O exército celeste soltou, então, um forte brado, dizendo: — "Felizes os convidados para a ceia de bodas do Cordeiro [Ap 19,9]". — Vieram também recebê-los vários dos trompetistas do Rei, trajando vestes brancas e brilhantes, e, com toques fortes e melodiosos, fizeram até mesmo os céus ecoarem sua música. Os músicos saudaram Cristão e seu companheiro com 10 mil diferentes saudações do mundo, com brados e soar de trombetas.

Cercaram-nos, depois, de todos os lados, alguns diante deles, outros atrás, alguns à direita, outros à esquerda – como se os estivessem escoltando até as regiões superiores –, soando incessantemente as trombetas, tocando notas agudas e melodiosas. Àqueles que podiam testemunhar aquela cena, era como se o próprio céu tivesse vindo recebê-los. E, assim, caminhavam juntos, e, enquanto caminhavam, volta e meia os trompetistas demonstravam, com notas de júbilo combinadas a olhares e gestos, quanto Cristão e seu irmão eram bem-vindos, tamanha era a alegria com que os acolhiam. E os dois homens já se viam no céu, por assim dizer, antes mesmo de lá entrar, extasiados com a visão dos anjos e o som de notas tão melodiosas. Além disso, de onde estavam, já podiam avistar a própria cidade e julgavam ouvir todos os sinos repicando, como sinal de boas-vindas. Mas, acima de tudo, pairava sobre eles a doce e radiante expectativa de ali viverem ao lado de tão bela companhia, por toda a eternidade. Ah, com que língua ou pena se pode expressar júbilo tão glorioso? E, assim, chegaram ao portão.

Ora, diante do portão, via-se a seguinte inscrição, em letras douradas: "Bem-aventurados os que guardam os seus mandamentos, pois têm o direito à árvore da vida e lhes será permitido atravessar os portões da cidade [Ap 22,14]".

Vi então, em meu sonho, que os Homens Iluminados lhes pediram para chamar diante do portão, o que eles prontamente fizeram. Lá de cima, alguns espiaram por sobre o portão, Enoque, Moisés, Elias e outros. Disseram-lhes, em seguida: — Estes peregrinos vêm da Cidade da Destruição, por amor ao Rei deste lugar. — Cada um dos peregrinos entregou o certificado que havia recebido no início da jornada, e tais documentos foram levados até o Rei, que, depois de lê-los, disse: — Onde estão os homens? — E responderam-Lhe: — Diante do portão, do lado de fora — E o Rei mandou que lhes abrissem a porta imediatamente: — "Que a nação justa entre, pois ela guarda a verdade [Is 26,2]".

Vi, em seguida, os dois homens passarem pelo portão, e, ao entrarem, transfiguraram-se e receberam vestes que resplandeciam como ouro. Foram também recebidos com harpas e coroas como presente, as harpas para o louvor e as coroas como sinal de honra. Nesse momento, ouvi, em meu sonho, que todos os sinos da cidade soavam, cheios de júbilo, e diziam aos peregrinos: "Entrem na alegria do seu Senhor". Ouvi, também, os próprios peregrinos cantarem em voz alta: — "Graças, honra, poder e glória sejam dados Àquele que se senta no trono, e ao Cordeiro, por toda a eternidade [Ap 5,13]".

E, enquanto os portões se abriam para a entrada dos dois, acompanhei-os com o olhar e vislumbrei que a cidade brilhava como o sol. As ruas também eram pavimentadas com ouro, e nelas caminhavam muitos homens com coroa na cabeça, ramos nas mãos e harpa dourada para cantar louvores.

Viam-se também seres alados, que respondiam uns aos outros sem interrupção, dizendo: "Santo, Santo, Santo é o Senhor [Ap 4,8]". E, depois, fecharam-se os portões, e, ao ver tudo aquilo, desejei estar entre eles.

Ora, enquanto eu admirava todas essas coisas, virei-me para olhar para trás e vi Ignorância chegar à beira do rio. Ele não demorou para cruzar as águas, sem nem metade da dificuldade com que se debateram os outros dois. Acontece que ele havia encontrado ali um certo Vã-Esperança, um barqueiro que, com seu bote, ajudou-o na travessia do rio. E também ele, como os outros dois que acabara de ver, subiu o monte e dirigiu-se ao portão, ainda que sozinho. Nem um homem sequer o recebeu, nem ele ouviu palavras de encorajamento. Ao chegar diante do portão, ergueu os olhos, avistou a inscrição no alto e começou a bater, supondo que logo lhe seria permitido entrar. Mas os homens que olhavam por cima do portão lhe perguntaram: — De onde você vem e o que quer? — E ele respondeu: — Comi e bebi na presença do Rei, e ele ensinou em nossas ruas. — Pediram-lhe seu certificado, para que pudessem levá-lo ao Rei. Tateou o peito, sobre as vestes, à procura do documento, mas nada encontrou. Então, perguntaram-lhe: — Não tem nada? — E o homem calou-se. Chamaram, então, o Rei, que se recusou a vê-lo e ordenou aos dois Seres Iluminados que haviam conduzido Cristão e Esperançoso que fossem até o portão atar os pés e as mãos de Ignorância, para lançá-lo fora. Eles, então, agarraram-no e levaram-no pelos ares até a porta que havia visto na lateral da encosta, pousando-o ali. E foi assim que vi que havia um caminho até o inferno, que surgia até mesmo dos portões do céu – e não só da Cidade da Destruição. Despertei, então, e percebi que se tratava de um sonho.

Conclusão

O PEREGRINO

E agora, leitor, meu sonho chega ao fim,
Espero que o possa interpretar por mim,
Ou mesmo para si, tendo em mente
Que não deve fazê-lo erroneamente.

Caso contrário, muito mal lhe seguirá,
Pois todo e qualquer engano o afetará.

Cuide também de evitar ser extremo,
E ver esse sonho como algo blasfemo.
Tampouco deixe sua pura similitude
Levá-lo ao riso ou mudar-lhe a atitude.

Deixe que se encarregue disso a criança, o tolo,
Extraia você sua essência e lembre-se do dolo.

Abra a cortina, o véu desvele,
E da metáfora a verdade revele,
Se você a analisar, há de encontrar
Coisas proveitosas, dignas de usar.

Mas, se na análise sobrar-lhe impureza,
Jogue-a fora, retendo apenas a riqueza.

Que nos importa se o ouro pela rocha é recoberto,
Se alguém despreza o veio, não há de ser esperto.

Porém, se como coisa vã você tudo descartar,
A mim dá no mesmo, de novo hei de sonhar.

Impressão e Acabamento
Gráfica Oceano